Aviva nuestro

SANTIDAD

El corazón purificado por Dios

NANCY LEIGH DeMoss

PORTAVOZ

La misión de *Editorial Portavoz* consiste en proporcionar productos de calidad —con integridad y excelencia—, desde una perspectiva bíblica y confiable, que animen a las personas a conocer y servir a Jesucristo.

EDITORIAL PORTAVOZ
P.O. Box 2607
Grand Rapids, Michigan 49501 USA

Visítenos en: www.portavoz.com

ISBN 10: 0-8254-1187-4
ISBN 13: 978-0-8254-1187-8

1 2 3 4 5 edición / año 11 10 09 08 07

Impreso en los Estados Unidos de América
Printed in the United States of America

Señor Dios Todopoderoso,

Santos son tu sabiduría, tu poder, tu misericordia, tus caminos y tus obras.

¿Cómo presentarme ante ti con mis graves e innumerables ofensas?

Muchas veces he amado las tinieblas,
   me he aferrado a vanidades engañosas,
   he abandonado tus muchas misericordias,
   he pisoteado a tu amado Hijo,
   he despreciado tu providencia,
   te he adulado con mis labios,
   he quebrantado tu pacto.
Solo tu compasión me ha librado de ser consumido.
Llévame al arrepentimiento y sálvame de la desesperación.

Permite que me acerque en renuncia, contrición,
   repulsión por mis hechos,
  pero con la esperanza en la gracia que fluye
   aún para el mayor de los pecadores.
Que en la cruz pueda contemplar
   la perversidad del pecado y lo aborrezca,
  y mire al que traspasaron,
   como Quien ha muerto por mí y para mí...
que mi alma descanse en ti,
   que eres inmortal y eterno,
como te revelaste en la persona y obra de tu Hijo,
el Amigo de los pecadores.

—Tomado de: *El valle de la visión: Una colección de oraciones
y devociones puritanas*

CONTENIDO

PRÓLOGO

Hace varios años, mi hija Karina, cuyo criterio respeto profundamente, leyó *Mentiras que las mujeres creen* de Nancy Leigh DeMoss y me lo recomendó como un excelente libro. Desde entonces Nancy se ha convertido en una preciosa hermana en la fe. Cada vez que leo sus libros y escucho sus programas de radio, o converso con ella por teléfono, me he acercado a Jesús.

Los lectores pueden estar seguros de que *Santidad: El corazón purificado por Dios* es el fruto de alguien que en realidad vive lo que escribe. La santidad que he visto en Nancy no busca reconocimiento ni llamar la atención. No es la observancia rigurosa de miles de normas legalistas que alguna vez perfeccionaron los fariseos y que se han convertido en el orgullo de miles de grupos cristianos desde entonces. Es algo que fluye de un corazón humillado y sometido al señorío de Cristo. La santidad de Nancy rebosa de gracia.

"Sed santos pues yo soy santo". Dios es el motivo por el cual debemos ser santos. Asimismo, es también Él quien hace posible nuestra santidad. Muchos creemos que deberíamos ser más santos pero lo hemos buscado de manera errónea. Ser santos en nuestras fuerzas y para nuestra gloria nada tiene de santo. Ser santos en las fuerzas de Cristo y para su gloria… es nuestro llamado y nuestro gozo.

Como Jesús, este libro rebosa de gracia y de verdad, confronta y a la vez anima, redarguye e invita.

La verdadera santidad no es fría y sombría, sino cálida y atractiva. Es irresistible. Quienes piensan de otra manera nunca la han visto, sino solo sus caricaturas. En este libro Nancy descubre la "santidad" para que podamos verla tal como es. Y, contrario a la creencia generalizada, es hermosa.

Sí, es imperativo que llevemos nuestra cruz. No obstante, también tenemos la promesa de Cristo: "Vengan a mí todos ustedes que están cansados y agobiados, y yo les daré descanso... Porque mi yugo es suave y mi carga es liviana" (Mt. 11:28, 30).

La santidad es el único camino a la felicidad. Cada vez que me ha faltado santidad he sido infeliz. Cada vez que vivo en santidad he sido feliz. A veces la santidad es dolorosa a corto plazo, pero al cabo de una hora, una semana, un mes, un año, o toda una vida, la santidad trae *siempre* felicidad. Así lo prometió Jesús: "Dichosos los de corazón limpio, porque ellos verán a Dios".

Nancy dice: "Ningún esfuerzo o afán personal puede hacernos santos. Solo Cristo puede hacerlo". Me alegra poder exclamar: "¡Eso es cierto!".

Ella dice: "De alguna forma el mundo evangélico se las ha arreglado para redefinir el pecado. Hemos llegado a verlo como un comportamiento normal y aceptable, algo que quizá debamos mitigar o controlar, pero no erradicar y hacer morir. Hemos caído tan bajo que no solo podemos pecar tranquilamente, sino que asombra ver que llegamos incluso a reírnos del pecado y entretenernos con él".

Esta vez me entristece decir: "Eso es cierto".

Cada día el Dios en cuya presencia los serafines exclaman: "Santo, Santo, Santo", examina cada rincón de nuestra vida. Él es quien observa cómo vivimos. Lo que en realidad vale es sí a *Él* le agrada nuestra vida. Reconozcamos humildemente que en lo que respecta a la santidad, con todos sus sacrificios, recompensas y dichas, nada podemos hacer sin Cristo. En cambio, por su gracia y su poder, *podemos* vivir de tal manera que oigamos un día de sus labios estas asombrosas y conmovedoras palabras: "¡Bien hecho, buen siervo y fiel!"

Apenas escuchemos estas palabras de boca de nuestro León y Cordero, sabremos que comparado con esto, nada más importa.

RANDY ALCORN

RECONOCIMIENTOS

Este libro está lejos de ser un logro personal. Muchos amigos y colegas queridos han trabajado conmigo en un largo proceso de creación. Le debo mi especial gratitud a:

- El equipo editorial de Moody, especialmente a Greg Thornton, Bill Thrasher y Elsa Mazon, pues sin su visión, compañerismo y perseverancia no se habría completado la trilogía de *Aviva nuestro corazón*.

- Al doctor Bruce Ware por su revisión teológica y a Bob Lepine por su opinión y comentarios que pulieron toda la obra en cada etapa del proceso. ¡Su "tutoría" y supervisión para este mensaje han sido fundamentales!

- Del Fehsenfeld III, Steve y Carter Rhoads, Lela Gilbert, Mary Ann Lepine, Elisabeth DeMoss, Betsey Newenhuyse y Josef Tson, entre otros, que me acompañaron, aportaron útiles recursos, leyeron partes o la totalidad del manuscrito en diferentes etapas del mismo y ofrecieron sus sugerencias para un tema tan amplio y excelente.

- Dawn Wilson por su apoyo en la investigación, Cheryl Dunlop por su esmerada corrección del manuscrito y Carolyn McCulley por sus creativas sugerencias para la guía de estudio.

- Mike Neises por las innumerables horas en el anonimato a cargo del trabajo administrativo, como un verdadero y fiel siervo de Cristo.

- Todo el equipo de *Aviva nuestro corazón* que con tanta generosidad y eficacia siguió adelante con el ministerio mientras yo me dediqué por completo a este proyecto, al tiempo que oraban y me animaban. Son un grupo extraordinario y me siento honrada e indigna del privilegio de servir a su lado.

- Creo que nunca necesité tanto apoyo en oración como cuando emprendí este proyecto hasta terminarlo. Muchos de *Amigos en oración* pagaron un alto precio para ver nacer este libro. Que Dios recompense su esfuerzo y que pronto Él nos conceda el avivamiento de santidad que anhela nuestro corazón.

INTRODUCCIÓN

¡Anhelo santidad!
¡Anhelo más de Dios!
Grato es el apremio
que impulsa mi alma
a buscar a Dios.

DAVID BRAINERD[1]

De cualquier forma, la llamada que recibí hace casi un año por la mañana me hubiera encontrado desprevenida. Un pastor muy dolido me llamó para pedirme oración y hablar con una amiga nuestra cuyo esposo iba a confesarle su adulterio en los últimos seis meses con una joven de su iglesia.

Quedé boquiabierta y no lo podía creer. Esta pareja perteneció a mi círculo de mejores amigos durante casi toda mi vida adulta. A todas luces ambos tenían un amor profundo y verdadero por el Señor, un matrimonio y una familia de extraordinaria fortaleza.

Ahora, este esposo había quebrantado abiertamente su pacto con su Dios y con su esposa. Y lo peor era que su corazón se había endurecido y enfriado. Este hombre que tantas veces había llorado su pecado delante de muchos, ahora se mostraba impenitente y renuente a llorar.

No me parece casual que esta llamada se hubiera presentado justo cuando me disponía a empezar este libro. Tampoco lo fue que en las tres semanas anteriores me hubiera enterado de varios casos de creyentes cuyo pecado "privado" se había vuelto público y un gran escándalo.

Mi pasión por el mensaje de la santidad ha sido alimentada por estas y muchas otras historias reales que he escuchado y observado mientras escribía este libro.

La carga de mi corazón se ha intensificado a medida que recibo cartas y correos electrónicos de personas inquietas por lo que ven suceder en la iglesia. El siguiente comentario ilustra la preocupación de este remanente de creyentes:

> Parece que a los líderes de nuestra iglesia no les preocupa tanto la pureza como a nosotros. No están de acuerdo con nuestro sentido de lo bueno y lo malo en lo que respecta a temas como la televisión, el cine, la forma decorosa de vestirse y la bebida. Parece que creen que la mejor forma de testificar a los perdidos es ser como ellos.
>
> Mi propio compañero de rendición de cuentas no tiene problemas en ver películas de contenido dudoso o espectáculos televisivos que promueven la fornicación, el adulterio y el pecado flagrante. Nuestro pastor de jóvenes me dijo que ver películas de contenido dudoso está bien, ya que eso le permite conocer de cerca lo que vive la juventud actual.
>
> No queremos causar divisiones ni mostrarnos como personas justas o "legalistas". Es solo que mientras más aprendemos acerca de la pureza y la rectitud, más parece debilitarse la vida cristiana que vemos alrededor nuestro y no sabemos qué hacer. Mi esposa y yo hemos perdido demasiado tiempo "jugando a la iglesia" y no queremos que nuestros hijos piensen que Dios transige con el pecado. *No estamos equivocados… ¿o sí?*

¿Lo *están* ellos? ¿Son demasiado rígidos o intolerantes? ¿Importan realmente estos asuntos? ¿O no son más que un asunto de conciencia personal? ¿Varían según la cultura? Estas son preguntas con las que he luchado y que he tratado de examinar a la luz de las Escrituras.

Hay algo más que me ha perseguido al escribir este libro. Se trata de mi propio corazón. Antes del largo proceso que tomó un año para iniciar este libro, empecé a orar así:

> *Oh, Dios*
> *Revélame más de tu santidad.*
> *Revélame más de mi pecado.*
> *Ayúdame a odiar el pecado y amar la rectitud tal como tú.*
> *Redargúyeme de maldad y haz crecer en mí un espíritu de*
> *arrepentimiento.*
> *Hazme santa como tú eres santo.*

El resultado es que al escribir este libro, el Espíritu de Dios ha obrado en mí. Al sentir el dolor por los leves (y no tan leves) estragos que ha causado el pecado en los cristianos y por el punto hasta el cual la iglesia ha adoptado los valores del mundo, he tenido que afrontar el hecho de que muchas veces me molestan más las fallas de otros que mis propias deficiencias. Tiendo a desestimar o racionalizar en mi vida ciertas faltas que me perturban, cuando las veo en otros. En mi lucha por intentar comunicar el mensaje de la santidad, Dios ha sacado a la luz, con amor y gracia, mi propia falta de santidad. Pecados como la falta de autocontrol en mis palabras, mis reacciones y mis hábitos de consumo y alimentación. Debo confesar que me amo más a mí misma que a los demás, que me preocupa demasiado la opinión que otros tienen de mí y muy poco agradar a Dios y que he dado lugar a ídolos (sustitutos de Dios) en mi corazón.

> LA SANTIDAD Y EL PECADO IMPORTAN, MÁS DE LO QUE PODEMOS IMAGINAR.

En mi meditación sobre lo que he escuchado y visto en otros durante estos meses, así como mi lucha personal con el pecado, el mensaje que ha resonado en mi corazón es que *tanto la santidad como el pecado importan* y más de los que podemos imaginar. A Dios le importan y mientras mejor comprendamos su verdadera naturaleza, mayor importancia cobrará para nosotros. El mensaje del arrepentimiento y la santidad debe proclamarse, oírse y escucharse con atención en el pueblo de Dios y en cada generación. Debe convertirse en más que un dogma teológico que aceptamos por cortesía. Debe transformar nuestra manera de pensar y nuestra manera de vivir.

Mi objetivo al escribir este libro no es ofrecer un tratado teológico sobre la santidad.[2] Más bien quiero lanzar un llamado vehemente al pueblo de Dios, a quienes Él llama *santos*, a buscar la santidad. Créanme si afirmo que me siento más inadecuada en este momento para escribir un libro sobre la santidad que hace un año cuando lo empecé (a menos que ser una pecadora con una imperiosa necesidad de misericordia divina habilite a alguien para tratar un tema semejante). Sin embargo, a lo largo de este proceso, mi corazón se ha vuelto más tierno y mi conciencia más sensible. He tenido una visión más clara del Calvario y de la increíble gracia santificadora de Dios.

Repito las palabras del autor del himno:

Mi corazón conmovido dos verdades confiesa ya:
*Tu prodigioso amor redentor y mi absoluta
indignidad.*[3]

Lo invito a unirse a la búsqueda de la santidad total.

Puede empezar ahora mismo. Antes de seguir adelante, ¿qué le parecería leer la oración que aparece en las páginas anteriores y apropiarse de ella? Lea una frase a la vez y manifiéstele al Señor su deseo de tener un corazón puro.

Luego, lo animo a decir esta oración por lo menos una vez al día por los siguientes treinta días. Cada vez que eleve estas peticiones con un corazón sincero al Señor ¡espere confiado que Él escuchará y responderá! La verdadera santidad es el camino a la plenitud de vida y al gozo. Ser santo es vivir pleno en Cristo. Ante todo, es reflejar la belleza y el esplendor de nuestro Señor santo en este mundo entenebrecido. En su búsqueda de la santidad experimentará y cumplirá todo lo que Dios tenía en mente cuando lo creó.

Que Dios mismo, el Dios de paz, los santifique por completo, y conserve todo su ser –espíritu, alma y cuerpo– irreprochable para la venida de nuestro Señor Jesucristo. El que los llama es fiel, y así lo hará.

—1 Tesalonicenses 5:23–24 ◢

NOTAS

1. *The Life of David Brainerd* [La vida de David Brainerd], ed. Norman Pettit, *The Works of Jonathan Edwards* [Las obras de Jonathan Edwards], vol. 7 (New Haven, Conn.: Yale Univ. Press, 1985), 186.
2. Ya se han escrito muchos libros excelentes sobre la santidad. Los que más me han ayudado son: Jerry Bridges, *En pos de la santidad* (Unilit: 1995); J. I. Packer, *Renacer de la santidad* (Caribe: 1995); R. C. Sproul, *The Holiness of God* [La santidad de Dios] (Tyndale, 2000); y J. C. Ryle, *Holiness* [Santidad] (Evangelical Press, 1985). Lo animo a leer estos y otros libros similares como parte de su búsqueda personal de la santidad.
3. "Beneath the Cross of Jesus" [Bajo la cruz de Cristo], Elizabeth Clephane, 1872.

EL ESPLENDOR DE LA SANTIDAD

*Cuán poco saben los que consideran
la santidad algo tedioso.
Cuando se conoce lo que es en verdad...
es algo irresistible.*

C. S. LEWIS[1]

La santidad no es precisamente un tema muy "comercial". No es el que ocupa los primeros lugares en las listas de libros más solicitados de las librerías cristianas. No existen muchas canciones famosas sobre la santidad y puedo contar con mis manos el número de mensajes que recuerdo haber oído sobre el tema. La "santidad" se discute en las clases de teología pero rara vez en las conversaciones cotidianas. "Santo" es un adjetivo que utilizamos para describir la "Biblia", la "comunión" y la "noche en que Cristo nació". Pero ¿a cuántos cristianos de hoy les interesa realmente dedicarle a la santidad una meditación o conversación seria?

No nos inquieta hablar de la santidad como un concepto abstracto. Pero si la idea se torna demasiado personal o empieza a interferir con nuestro estilo de vida, de inmediato nos sentimos incómodos.

Parte del problema radica en que la palabra *santidad* ha adquirido una connotación que a la mayoría de las personas, con razón, les resulta poco deseable.

¿La "santidad" trae a su mente alguna de estas imágenes?

* Gente lúgubre con peinados y vestidos anticuados.

* Una vida austera, triste, basada en una larga lista de normas y condiciones.

✳ Una existencia dentro de un monasterio. Los "santos" hablan en voz baja, se dedican solo a la oración y la lectura de la Biblia u otro libro espiritual, ayunan con frecuencia, tararean himnos sin cesar y no sienten interés alguno por las actividades "normales" de la vida.

✳ Personas con una actitud crítica hacia quienes no aceptan sus normas.

✳ Un ideal inalcanzable que tiene más que ver con una época remota que con el mundo real, el aquí y el ahora.

Santidad. Si así la imaginamos… ¿quién la quiere? Suena tan atrayente como un vaso de agua salada. Quizá la santidad no ocupa un lugar primordial en nuestros temas de conversación, ¡pero permítame recordarle que quienes están en el cielo no cesan de hablar de ello! Creo que debemos "recuperar" la verdadera santidad, para verla en toda su belleza, tal como la Palabra de Dios la revela.

Tuve la dicha de crecer en un hogar donde la santidad era importante y se tomaba con seriedad, al tiempo que se la presentaba como algo maravillosamente deseable y atrayente. Desde mi más tierna infancia recuerdo haber pensado que la santidad y el gozo eran inseparables. Mi papá anhelaba ser "tan puro como la nieve" y nos alentaba a tener la misma aspiración. El pecado le molestaba en gran manera, ya fuera suyo, nuestro, o el de otros. Al mismo tiempo, mi padre era un hombre feliz y en realidad disfrutaba de su vida con Cristo.

Antes de su conversión que tuvo lugar hacia los veinticinco años, él fue un apostador bohemio que buscaba desenfrenadamente la emoción y la felicidad. Cuando Dios lo tocó y redimió, su estilo de vida cambió de manera terminante. Ya no deseaba los "tesoros" terrenales con los que había intentado llenar los vacíos de su corazón. Había hallado "la perla de gran precio" que por tantos años le faltó. Él amaba la ley de Dios y nunca consideró la santidad como una carga. Sabía que el pecado era la verdadera carga y nunca dejó de maravillarse ante el hecho de que Dios en su misericordia lo había liberado de ella por medio de Cristo.

> SE HABLA DE LA "SANTIDAD" EN LAS CLASES DE TEOLOGÍA PERO RARA VEZ EN LAS CONVERSACIONES COTIDIANAS.

El teólogo del siglo XVIII, Jonathan Edwards, vivió constreñido por una idea similar de santidad. En sus memorias, escritas a sus treinta y cinco años, habló de la fascinación y el atractivo que evocaba la santidad al meditar en ella.

> Me parece que en ella solo mora lo encantadoramente bello, la más sublime hermosura y afabilidad, una belleza *divina*; más pura que todo cuanto pueda existir sobre la tierra y que todo lo demás era como fango y corrupción comparado con ella.[2]

De igual forma, A. W. Tozer vio la necesidad de confrontar las falsas ideas que tantas veces se asocian con la santidad.

> ¿Qué significa en realidad esta palabra *santidad*? ¿Es un tipo desagradable de piedad que tantos rechazan? No, ¡claro que no! En la Biblia la santidad significa integridad moral, una cualidad estimable que incluye la bondad, la misericordia, la pureza, la moral intachable y la piedad.
> Siempre ha gozado de la mayor estima y ocupado el más alto rango.[3]

La belleza de la santidad, como brilla a través de las Escrituras, presenta dos caras diferentes pero estrechamente relacionadas.

APARTADO

La palabra *santo* viene de una raíz que significa: "cortar, separar". Significa "ser apartado, distinto, diferente".

En las Escrituras, vemos que Dios apartó ciertos objetos y personas para sí, para ser consagrados a su uso exclusivo. No debían usarse para fines comunes, ordinarios ni cotidianos, pues eran santos. Por ejemplo, Dios apartó un día de la semana y lo llamó: *"día de reposo consagrado* al Señor" (Éx. 16:23). Los israelitas debían apartar la primera porción de sus ingresos como un *diezmo santo* (Lv. 27:30). Dios apartó un lugar específico donde se encontraría con su pueblo y lo llamó: *"el Lugar Santo"* (Éx. 26:33).

> EL CONCEPTO BÍBLICO DE SANTIDAD ENCIERRA UN SENTIDO DE PERTENENCIA A DIOS.

En el Antiguo Testamento, la nación de Israel fue apartada por Dios para ser una "nación santa" (Éx. 19:6), lo cual no significaba que su *conducta* fuera santa o que fueran más justos que quienes no eran apartados. Dios los llamó: "santos" porque Él los había apartado de otras naciones y esa distinción y privilegio conllevaban la obligación de llevar vidas santas.

Los israelitas no solo fueron apartados por Dios, sino *para* Dios. "Sean ustedes santos, porque yo, el Señor, soy santo, y los he distinguido entre las demás naciones, *para que sean míos*", le dijo Dios a su pueblo (Lv. 20:26). El concepto bíblico de santidad encierra un sentido de pertenencia a Dios, muy parecido al de una madre que podría afirmar: "Estos hijos *son míos*".

En el Nuevo Testamento, Dios apartó un nuevo cuerpo integrado por judíos y gentiles. Lo llamó *la Iglesia*. El término griego *ekklesia* significa: "Una asamblea llamada fuera". La iglesia no es un edificio ni una simple institución, sino un cuerpo de creyentes que han sido llamados fuera de este mundo y apartados para los santos propósitos de Dios.

Recuerdo cuando, siendo niña, comprendí por primera vez que algo era "apartado" por y para Dios. Según el criterio de mis padres en cuanto al sentir y los propósitos divinos, ellos establecieron lo que consideraban costumbres y límites sabios para nuestra familia. En ocasiones nos quejábamos diciendo: *"¡Pero si todo el mundo...!"*. Y mis padres respondían: "Ustedes no pertenecen a 'todo el mundo', ¡sino a Dios!" Nos convencieron de que había algo realmente especial en el hecho de ser apartados para Dios, en vez de amoldarnos al mundo.

Aprendí desde pequeña que ser "apartado" no es un castigo, ni la intención de Dios de privarnos de algo bueno o condenarnos a una vida miserable y aburrida. Es un privilegio que no tiene precio. Es un llamado:

- A pertenecer, a ser estimado, a entrar en una relación de amor exclusivo con Dios mismo, así como un novio manifiesta su intención de apartar a su novia de todas las demás mujeres para convertirla en su amada esposa.

- A participar en el gran y eterno plan de nuestro Dios redentor para este mundo.

- A experimentar las dichas inefables y los propósitos para los cuales fuimos creados.

- A estar libres de todo lo que destruye nuestra verdadera felicidad.

PUREZA MORAL

La segunda cara de la santidad tiene que ver con ser puro, limpio, libre de pecado. En este sentido, ser santo es reflejar el carácter moral de un Dios santo.

Si alguna vez ha intentado hojear el libro de Levítico, tal vez se haya preguntado: *¿Por qué Dios se molestó en dar todas esas instrucciones tan detalladas acerca de la limpieza y la pureza ceremoniales?*

Mediante dichas reglas, Dios se propuso ilustrar sus principios para los hijos de Israel y para nosotros. Él quiere que comprendamos que Él es santo y que la santidad no es una opción para los que le pertenecen. Quiere que sepamos que Él se interesa por cada detalle y aspecto de nuestra vida. Quiere que vislumbremos las bendiciones de la santidad y las consecuencias de una vida impía.

> DIOS ES SANTO Y LA SANTIDAD NO ES UNA OPCIÓN PARA LOS QUE LE PERTENECEN.

En el Nuevo Testamento vemos que las normas de Dios no han cambiado. Una y otra vez, Jesús y los autores del Nuevo Testamento nos llaman a una vida de absoluta pureza:

Por tanto, sean perfectos, así como su Padre celestial es perfecto. (Mt. 5:48)

Consérvate puro. (1 Ti. 5:22)

Vuelvan a su sano juicio... y dejen de pecar. (1 Co. 15:34)

Que se aparte de la maldad todo el que invoca el nombre del Señor. (2 Ti. 2:19)

Aborrezcan el mal; aférrense al bien. (Ro. 12:9)

La santidad no es solo para un puñado selecto de gigantes espirituales, ni para personas piadosas cuya única ocupación es sentarse el día entero y "ser santos".

La santidad es para mamás que luchan con sentimientos de desánimo e inutilidad y cuya tentación es sentir compasión de sí mismas, refugiarse en novelas románticas, o buscar los brazos de un hombre que las comprenda. Es para estudiantes que están bajo el bombardeo permanente y la presión de conformarse al mundo y ceder a las formas impías de entretenimiento. Es para viudos, divorciados y solteros que se sienten solos y luchan con permanecer sexualmente puros. Es para esposos y esposas que luchan con la amargura hacia el cónyuge que los ha abandonado y los ha maltratado. Es para hombres que se sienten tentados a engañar en sus informes de ingresos y a sus esposas, o a renunciar a su liderazgo espiritual en el hogar.

> CON LA GRACIA RECIBIMOS EL ANHELO Y EL *PODER* PARA SER SANTOS.

¡"*Todo* el que invoca el nombre del Señor" está llamado a una vida santa!

Vamos a estudiar *cómo* podemos ser santos pero es importante comprender que Dios no nos ordenaría hacer algo sin antes facultarnos para cumplirlo. Él sabe que es imposible ser santos sin Él.

Por eso Él ha dispuesto que podamos vencer el pecado por medio de la cruz de Cristo. Por eso envió su Espíritu a vivir en nuestro corazón. Y por eso le da a cada creyente un recurso sobrenatural llamado *gracia,* por la cual recibimos *el anhelo* y *el poder* para ser santos.

EL FRUTO DE UNA RELACIÓN

La verdadera santidad se cultiva en el seno de una relación con Dios. Su amor por nosotros nos mueve a rechazar cualquier otro amor que sea inferior y todos los placeres efímeros que el pecado pueda ofrecer.

A medida que crece nuestro amor por Él, nos motivamos a buscar la santidad. La realidad de que Él es nuestro Padre y nosotros sus amados hijos, nos lleva a anhelar su cercanía y nos insta a evitar todo lo que pudiera interferir en la relación.

Sí, la santidad implica seguir normas pero la obediencia que Dios nos pide no es fría, rígida y gravosa. Es la respuesta afectuosa, gozosa y amorosa al Dios que nos ama y nos ha creado para disfrutar de una comunión íntima con Él. Es el fluir de un corazón que siente profunda gratitud por haber sido redimido por Dios del pecado. No es algo que fabricamos con determinación, ánimo dispuesto y fuerza de voluntad. Es el Espíritu Santo que vive en nosotros el que nos motiva y capacita para ser santos.

SANTIDAD EXTREMA

La congregación de la Iglesia Evangélica Luterana Gustaf Adolph, ubicada en una pequeña población al norte en Maine, aprendió cuán peligrosa puede resultar una pizca de impureza. El domingo 27 de abril de 2003, la junta directiva de la iglesia se reunió después del culto para discutir sobre la instalación de un nuevo calentador. Varios integrantes del grupo pasaron por la cocina para servir una taza de café antes de iniciar la reunión. En cuestión de horas más de doce personas resultaron gravemente enfermas y en pocos días un hombre murió.

Los investigadores descubrieron que un hombre, por venganza, había mezclado un puñado de arsénico en polvo en el recipiente del café de la iglesia. Nadie había notado la pequeña cantidad de veneno, hasta que sus consecuencias fueron evidentes. Como la pizca de levadura que leuda toda la masa, tolerar "un pecadito" en nuestra vida puede ser mortal.

Los fabricantes del jabón Ivory se enorgullecen de que su producto sea "99 por ciento puro". Sin embargo, en lo que respecta a la santidad, si es noventa y nueve por ciento puro, no lo es en absoluto.

Un compromiso a ser santos es un compromiso a ser limpios por completo, a no tener parte alguna que no sea santa. La verdadera santidad empieza en el interior, en nuestros pensamientos, actitudes, valores y motivaciones, en aquella intimidad de nuestro corazón que solo Dios puede ver. También afecta nuestro comportamiento exterior y visible: "Sean ustedes santos *en todo lo que hagan*" (1 P. 1:15).

Esta pasión por la pureza fue lo que percibí en el ejemplo de mi padre y lo que motivó en mí ese afán por la santidad siendo joven. Por supuesto, muchas veces él falló (y estuvo siempre dispuesto a reconocerlo) pero procuró llevar una vida moralmente honesta y completamente intachable en sus negocios, en su inversión del tiempo y del dinero, en su comportamiento hacia el sexo opuesto, en su trato hacia la familia y los empleados, en su conversación acerca de otras personas, en su reacción a las críticas, en sus pasatiempos, en sus hábitos laborales, en sus elecciones de entretenimiento, en respetar el día del Señor, en lo que leía, escuchaba y veía.

> ¿CÓMO LE IRÍA A USTED SI ALGUIEN HICIERA UN RECORRIDO POR SU VIDA?

Amaba tanto a Dios que anhelaba que la santidad caracterizara cada aspecto de su vida.

Él creía, como Helen Roseveare, una cirujana misionera en el antiguo Congo, que "nada en absoluto debe haber en mí, o en mi conducta diaria, que otro imite y pueda llevarlo a pecar".[4]

Tengo un amigo cuyos padres ancianos, de noventa y noventa y dos años, se mudaron hace poco de la casa donde vivieron durante cincuenta años. Mi amigo pasó un mes completo arreglando todos los "cachivaches" de toda una vida: Cartas, cuentas, recortes de periódico, fotografías y demás. "Fue como repasar toda la historia de sus vidas", relató mi amigo.

Después de examinar toda la inmensa colección de recuerdos y documentos, este hijo comentó con admiración: *"¡Ningún objeto que poseían mis padres contradecía su profesión de fe en Cristo!"*

¿Cómo le iría a usted si alguien hiciera un recorrido por su vida, pasando por sus posesiones, libros, revistas, discos, vídeos, agendas, informes de impuestos, chequeras, calendarios, cuentas telefónicas, cartas, correos electrónicos y registros de sus visitas en la Internet?

¿Qué pasaría si esa persona pudiera también hacer una exhibición fotográfica de todas las decisiones que ha tomado cuando usted pensaba que nadie lo estaba mirando? Añada a eso un recuento de sus pensamientos, actitudes y motivos secretos.

¿La idea de una "santidad extrema" como esta le parece opresiva? Si es así, tal vez nunca ha considerado que *la santidad y el gozo* son compañeros inseparables.

EL GOZO DE LA SANTIDAD

¿Qué palabras asocia usted con "santidad"?

¿Tal vez *alegría* es una de ellas?

Piénselo en el sentido inverso. Cuando piensa en algo que lo *alegra*, ¿piensa en *santidad*?

> LA SANTIDAD Y EL GOZO SON COMPAÑEROS INSEPARABLES.

Aunque parezca sorprendente, *la santidad* y *la alegría* en realidad van de la mano.

Tanto en el Antiguo como en el Nuevo Testamento encontramos una maravillosa descripción del Señor Jesús que establece esta relación:

Has amado la justicia y odiado la maldad; por eso Dios, tu Dios, te ha ungido con aceite de alegría, exaltándote por encima de tus compañeros.

—Hebreos 1:9; vea Salmo 45:7

Podríamos imaginar que alguien con un amor apasionado por la santidad y un intenso odio por el pecado podría ser triste, intolerante y ansioso.

Lo cierto es que nada podría estar más lejos de la verdad.

La vida santa de Jesús produjo una alegría desbordante, una dicha superior a la de cualquier otra persona de su tiempo. Así fue la vida del Salvador. Y también lo será la de cualquiera que, al igual que Él, ame la justicia y odie la maldad.

Recuerdo la primera vez que escuché a Calvin Hunt contar su historia. Durante años, este joven llevó un estilo de vida irresponsable y destructivo por su adicción al crack.

Entonces encontró la gracia irresistible y transformadora de Cristo. En la actualidad, Calvin respira un gozo irrefrenable cuando testifica acerca de la obra purificadora de Dios

> SER SANTO ES SER LIMPIO Y LIBRE DEL PESO Y DE LA CARGA DEL PECADO.

en su vida y luego eleva su poderosa voz de tenor para cantar su canción lema: *"¡Soy limpio! ¡Soy limpio! ¡Soy limpio!"*

¿Por qué inventamos que la santidad es una obligación austera o una carga obligada, cuando ser santo es en realidad ser limpio y libre del peso y la carga del pecado? ¿Por qué nos aferramos a nuestro pecado? ¿No sería increíble pensar que un leproso dejara pasar una oportunidad de sanarse de su lepra y prefiriera quedarse con sus llagas purulentas?

Buscar la santidad es buscar el gozo, un gozo infinitamente mayor que cualquier gozo terrenal pudiera ofrecer.

Resistir la santidad o ser indiferente a ella es perder el verdadero gozo y conformarse con algo menos que la plenitud absoluta de la presencia de Dios en nuestra vida, para la cual fuimos creados.

Tarde o temprano, el pecado nos despojará y robará todo lo que es verdaderamente hermoso y deseable. Si usted es un hijo de Dios, ha sido redimido para saborear el dulce fruto de la santidad, vivir unido a su Padre celestial, gustar su presencia, gozarse en su misericordia, experimentar la dicha de tener las manos limpias, un corazón puro, una conciencia limpia y un día estar ante Él sin nada de qué avergonzarse.

¿Por qué conformarse con menos?

NOTAS

1. C. S. Lewis, *Letters to an American Lady* [Cartas a una mujer norteamericana], ed. Clyde S. Kilby (Grand Rapids: Eerdmans, 1967), 19.
2. *Memoirs of Jonathan Edwards* [Memorias de Jonathan Edwards], Obras de Jonathan Edwards, vol. 1 (Edinburgh: Banner of Truth Trust, reimp. 1974), xiv.
3. A. W. Tozer, *I Call It Heresy* [Me parece herejía] (Harrisburg, Pa.: Christian Publications, 1974), 63.
4. Helen Roseveare, *Living Holiness* [Vivir en santidad] (Miniápolis: Bethany House, 1986), 173.

LA MOTIVACIÓN PARA LA SANTIDAD

*Después del poder de Dios,
la belleza serena de una vida santa
es la más poderosa influencia en el mundo.*

BLAISE PASCAL[1]

A pesar de todo mi conocimiento y convicción sobre el "esplendor de la santidad", *¡a veces pienso que es duro "ser santo" siempre! ¿Por qué a veces no me relajo y lo tomo con calma?* Claro, yo sé que la santidad no es un simple esfuerzo humano. Sé que significa depender de la gracia de Dios que nos capacita y dejar que Jesús viva en y a través de nosotros su vida santa.

No obstante, para ser francos ¿no le resulta mucho más fácil a veces seguir sus impulsos naturales y carnales que reprimir la carne y elegir el camino de la santidad?

Entonces ¿para qué nadar contra la corriente de su carne y de la cultura? ¿Por qué pagar el precio que implica buscar la santidad con determinación y esmero cada instante de cada día por el resto de su vida? ¿Por qué tomar a diario las decisiones costosas que la santidad exige? como:

* Levantarse en la mañana y limpiar su corazón en las aguas de la Palabra de Dios antes de empezar sus quehaceres

* Apagar ese insinuante y vulgar programa de televisión, o dejar de hojear esa revista que promueve los valores mundanos y egoístas, o esa novela que ensalza la sensualidad

* Reconocer que ha pecado y pedir perdón por haber hablado ásperamente a ese pariente, o por haberle mentido a su jefe, o por haber criticado a un hermano de la iglesia

* Evitar hasta la más mínima ocasión de impureza sexual

* Dormir, comer, vestirse, salir a trabajar o a jugar, dar, orar e ir a la iglesia, todo para la gloria de Dios

En este capítulo quiero estudiar siete poderosas razones bíblicas para llevar una vida santa. Se trata de motivaciones que me han ayudado en mi búsqueda personal de la santidad.

Ante todo, debemos ser santos…

PORQUE DIOS ES SANTO

Así como una fotografía es la imagen de un objeto, nuestra vida fue diseñada para reflejar la imagen de Dios. ¡La gente debería mirar a un cristiano y ver cómo es Dios!

Mi casa está ubicada sobre una colina con vista a un río. Esta mañana, cuando el sol brillaba sobre los árboles que circundan el río, la imagen de su espléndido follaje se reflejaba en las tranquilas aguas. La imagen como de un espejo me inspiró a detenerme y orar:

"Señor, ¡que otros vean tu semejanza reflejada en mí, que mi vida muestre al mundo cuán amoroso y puro eres tú!"

Esta es la motivación para la santidad más reiterada y explícita en las Escrituras:

> *Más bien, sean ustedes santos en todo lo que hagan, como también es santo quien los llamó; pues está escrito: "Sean santos, porque yo soy santo"*
>
> —1 Pedro 1:15–16

En nuestra vida y conducta diaria debemos reflejar lo que Dios es, lo que significa pertenecerle y ser su pueblo redimido y "apartado" por Él.

Nuestra vida debe hacer posible que el mundo *crea en Dios*. Al ver su imagen reflejada en nosotros, ellos serán persuadidos de adorarlo y glorificarlo (Mt. 5:16).

¿Qué refleja su vida ante quienes lo rodean?

¿Sus actitudes, palabras y comportamiento presentan ante los demás una fiel imagen de Dios? ¿O a veces profana usted la santidad de Dios con un espíritu quejumbroso, controlador, o con palabras ásperas e hirientes, o en conversaciones soeces, o con bromas de mal gusto? Me entristece pensar con cuánta frecuencia he dado una imagen distorsionada de Dios frente a los demás por causa de mis decisiones y respuestas pecaminosas.

> ÉL ES LA MEDIDA, Y *LA FUENTE* DE SU SANTIDAD.

Debemos ser santos porque Dios es santo. Y la buena noticia es que como Dios es santo, nosotros también podemos serlo. Si es un hijo de Dios, el Dios santo vive en usted. Él es la medida y *la fuente* de su santidad. Él es su justicia. Él puede limpiar la maldad de su corazón con la sangre de Jesús y santificarlo para que el mundo sepa cómo es Él.

Ser santo como Él es santo, ¡qué imponente responsabilidad! Pero más que eso, qué privilegio tan asombroso que el Santo nos elija, con todo y lo frágiles, prosaicos e imperfectos que somos y que nos limpie de nuestro pecado, nos llene con su Espíritu Santo y luego nos use para reflejar el esplendor de su santidad en un mundo entenebrecido.

Esta es otra razón para buscar la santidad:

PORQUE LA SANTIDAD ES EL PROPÓSITO DIVINO PARA LA VIDA DEL CREYENTE

El propósito de Dios al salvarlo no es solo facilitar o alegrar los pocos años que vivirá sobre la tierra. Él tenía en mente un objetivo eterno. Su fin era hacerlo a usted santo, como Él es santo, para que pudiera glorificarlo en todo, para agradarlo en todo y para que usted disfrute de una comunión íntima con Él por la eternidad.

El apóstol Pablo nos recuerda que Dios "nos escogió en él [Cristo] antes de la creación del mundo, para que seamos santos y sin mancha delante de él" (Ef. 1:4).

> SU SANTIDAD ES EL OBJETIVO SUPREMO DE DIOS PARA USTED.

Su santidad no ocupa un lugar secundario entre otros objetivos que tiene para su vida, sino que es el objetivo supremo de Dios para usted. Es algo que Él deseó, planeó y ejecutó incluso antes de haber creado al mundo.

No solo es nuestro llamado personal ser santos, sino también nuestro llamado colectivo como cuerpo de Cristo. La iglesia es un organismo viviente, en el que habita el Espíritu de Dios, que se prepara para ser la novia del Señor Jesús. Y lo que el Novio se ha propuesto para esta novia es "presentársela a sí mismo como una iglesia radiante, sin mancha ni arruga ni ninguna otra imperfección, sino santa e intachable" (Ef. 5:27).

Al igual que un novio espera ansioso el momento en que su novia se acerca al altar para encontrarse con él, hermosamente adornada con un vestido inmaculado, el Señor Jesús aguarda el día en que todos apareceremos ante Él, libres de toda contaminación, vestidos de su justicia, para ser su novia santa para siempre.

Y al igual que una mujer comprometida se prepara con amor y gran expectación para la boda, deseosa de ser la novia más bella para su amado, la idea de desposarnos con nuestro Novio santo debe motivarnos a invertir nuestros años de vida para buscar la santidad, que es nuestro objetivo supremo y el máximo anhelo de Dios para nosotros.

Ser santos es la razón de nuestra existencia. Es nuestro destino. Y será el estado final para todo hijo de Dios verdadero y para todo el cuerpo de Cristo, según la maravillosa promesa de 1 Juan 3:2: "Sabemos... que cuando Cristo venga *seremos semejantes a él*, porque lo veremos tal como él es".

¿Cómo respondemos a esta certeza?

"Todo el que tiene esta esperanza en Cristo, se purifica a sí mismo, así como él es puro" (1 Jn. 3:3).

Cada vez que medito en el propósito por el cual fui creada y mi destino final, que recuerdo que soy la futura novia pura y hermosa, me siento inspirada a buscar con vehemencia la santidad, esperando aquel glorioso día en que al fin seré santa por completo.

¿Tiene usted la misma meta que ha trazado Dios para su vida? ¿Cuál es su objetivo para vivir? ¿Desde el mismo instante en que sale de su cama en la mañana hasta que pone su cabeza en la almohada en la noche, se propone usted cooperar con Él en la búsqueda de su eterno propósito de santificarlo?

PORQUE JESÚS *MURIÓ* PARA LIBRARNOS DEL PECADO

Asegurar nuestra salvación no fue un asunto banal para Dios. Fue (y es) una obra de sacrificio, gracia y prodigio sin iguales e infinitos. Usted y yo éramos rebeldes que despreciamos a Dios y rechazamos su derecho a reinar en nuestra vida. Menospreciamos su justicia y amamos nuestro pecado. Amamos lo que Dios odia y odiamos lo que Él ama. Éramos pecadores, enemigos de Dios y objetos de su justa ira.

La paga por nuestro pecado era la muerte. Nuestra redención fue costosa, exigió el sufrimiento y la muerte de un sustituto que jamás cometió pecado. Y eso fue exactamente lo que hizo Jesús. Él recibió voluntariamente todo el peso de la ira de Dios al morir en lugar del pecador. ¿Por qué? Las Escrituras lo dicen con claridad: "Jesucristo dio su vida *por nuestros pecados* para rescatarnos de este mundo malvado" (Gá. 1:4).

En su obra clásica titulada *Santidad,* J. C. Ryle escribe:

> Sin duda alguna, el alma del hombre que piensa en todo lo que sufrió Jesús y persiste en aferrarse a los pecados que causaron ese sufrimiento, debe estar enferma. Fue el pecado lo que clavó la corona de espinas, fue el pecado lo que atravesó las manos, los pies y el costado de nuestro Señor, fue el pecado que lo llevó a Getsemaní y al Calvario, a la cruz y a la tumba. Sería muy duro nuestro corazón si no odiáramos el pecado y nos esforzáramos por deshacernos de él, aunque esto signifique cortar nuestra mano derecha y sacarnos el ojo.[2]

Cuando toleramos nuestro pecado y rehusamos apartarnos de él, despreciamos el amor y la gracia de Cristo, pisoteamos su cruz y desechamos su muerte en sacrificio por nosotros.

Jesús no derramó su sangre para que tengamos un pasaporte a la felicidad y al cielo, al tiempo que seguimos satisfaciendo nuestra lujuria, nuestra ira, nuestros celos, nuestros vicios y nuestro espíritu crítico y competitivo, nuestro orgullo y egoísmo. Su muerte constituye la motivación y el poder para decirle *no* al pecado y *sí* a la santidad en cada aspecto de nuestra vida.

Jesús *murió* para hacernos santos, para librarnos del pecado. ¿Cómo pues seguimos pecando tan tranquilamente contra un Salvador tan grande?

PORQUE SOMOS SANTOS

A veces escuchamos que se usa la palabra *santo* para referirse a alguien extraordinariamente piadoso o virtuoso. Algunas tradiciones religiosas veneran a ciertos individuos que han sido reconocidos de manera oficial como "santos".

Sin embargo, en los escritos del apóstol Pablo a las iglesias neotestamentarias, él inició muchas veces con el título "santos" para referirse a *todos* los creyentes (en sentido literal "los santos" o "los apartados").

Es irónico que muchos a quienes Pablo escribía actuaran de cualquier forma *excepto* como santos. Eran culpables de muchos pecados que también vemos hoy en los creyentes, como la división, la amargura, la inmoralidad, el egoísmo, el amor al mundo.

Entonces ¿por qué Pablo llama "santos" a todos estos creyentes de la iglesia primitiva? ¡Porque eso eran! Sus corazones pecaminosos habían sido lavados con la sangre de Jesús. Pablo quería que ellos vieran cuán incoherente era su comportamiento en relación con su verdadera naturaleza. Lo que en realidad les decía a ellos (y a nosotros), es: "Puesto que ustedes *son* santos ¡*vivan* como santos!"

Cuando un inconverso peca, hace lo que es propio de su naturaleza. Él peca porque es su naturaleza pecar, pues es un pecador. En cambio, cuando un pecador se convierte en hijo de Dios, nace de nuevo, es apartado de Satanás y del mundo y le pertenece por completo a Dios, convirtiéndose en un santo. Recibe un nuevo corazón y el Espíritu Santo que mora en él empieza a transformarlo en la semejanza de Cristo.

Como una "nueva creación" (2 Co. 5:17), desea de corazón agradar a Dios. Cuando peca, niega su nueva identidad y actúa de manera contraria a la naturaleza a la cual es transformado.

Por eso Pablo les dice a los efesios:

*Entre ustedes ni siquiera debe mencionarse la inmoralidad
sexual, ni ninguna clase de impureza o de avaricia, porque
eso no es propio del pueblo santo de Dios [los santos]"*

—Efesios 5:3

> ¿VIVE USTED COMO
> UN SANTO?

¿Es usted un santo? Si es un hijo de Dios, la respuesta es afirmativa. Usted ha sido elegido y apartado como pueblo santo de Dios.

¿Vive usted como un santo? Si usted es un verdadero hijo de Dios, la respuesta será: *Sí, aunque no a la perfección pero es el anhelo de mi corazón y por su gracia busco la santidad y crezco en la semejanza de mi Salvador.*

PORQUE NUESTRA INTIMIDAD CON DIOS DEPENDE DE ELLO

Siempre, desde que nací de nuevo siendo pequeña, he anhelado experimentar una relación más íntima con Dios y disfrutar la realidad de su presencia. El salmista expresó el mismo deseo con estas preguntas: "¿Quién puede subir al monte del Señor? ¿Quién puede estar en su lugar santo?" (Sal. 24:3). Su respuesta: ("Sólo el de manos limpias y corazón puro"—v. 4) nos recuerda que solo quienes tienen un corazón santo y una vida santa pueden acercarse a Dios.

"Dichosos los de corazón limpio", dijo Jesús: "porque ellos verán a Dios" (Mt. 5:8). Las personas que no son santas no pueden tener comunión con un Dios santo. Yo no puedo aferrarme a mi impaciencia, glotonería, pereza, malhumor y tener al mismo tiempo comunión con Dios.

*¿Qué tienen en común la justicia y la maldad? ¿O qué
comunión puede tener la luz con la oscuridad?*

—2 Corintios 6:14

A un adolescente que desobedece voluntariamente las instrucciones de sus padres le resultará difícil mirarlos a los ojos al llegar a casa por la noche. Es improbable que una esposa que le miente a su marido después de excederse en los gastos con la tarjeta de crédito goce de la intimidad matrimonial en la noche. De igual manera, el pecado destruye nuestra comunión con Dios. "Tú no eres un Dios que se complazca en lo malo; a tu lado no tienen cabida los malvados" (Sal. 5:4).

> SOLO QUIENES TIENEN UN CORAZÓN SANTO Y UNA VIDA SANTA PUEDEN ACERCARSE A DIOS.

Podemos cantar a voz en cuello coros de alabanza, participar en alegres conciertos y conferencias cristianas multitudinarias, podemos aplaudir oradores que despiertan nuestras emociones, o tener gloriosas experiencias espirituales pero nada de eso nos acercará un milímetro a Dios si cerramos los ojos a nuestro pecado o le damos cabida en nuestro corazón.

"¿Quién de nosotros puede habitar con el fuego consumidor?" pregunta el profeta: "Sólo el que procede con justicia" (Is. 33:14–15). La intimidad con Dios está reservada para quienes son santos: "Justo es el Señor, y ama la justicia; por eso los íntegros contemplarán su rostro" (Sal. 11:7).

PORQUE VIVIREMOS POR LA ETERNIDAD EN UNA CIUDAD SANTA

Si se trasladara a otra parte del mundo pensaría con cuidado en cómo empacar para la mudanza. No se molestaría en buscar trajes de invierno, guantes y botas para la nieve si planea pasar el resto de su vida en un paraíso tropical.

Nuestro ministerio se alista para reubicarse en una sede completamente nueva. Para preparar la mudanza, los miembros de nuestro equipo están dedicados a la tarea de "escoger y botar".

Se desechan todos los archivos viejos, los equipos obsoletos, los muebles gastados, las decoraciones que no armonizan con el nuevo edificio y todo lo que no se necesite para ocupar las nuevas instalaciones.

> ¿CON CUÁNTO ESFUERZO Y CUIDADO SE ALISTA PARA LLEGAR A SU HOGAR ETERNO?

El hecho es que usted y yo pronto nos mudaremos a nuestra casa eterna. ¿Qué tanto piensa en su destino final y lo que debe hacer para estar listo para la mudanza?

En los dos últimos capítulos de la Biblia, tres veces se habla de nuestro hogar celestial como la "ciudad santa" (Ap. 21:2, 10; 22:19). La ciudad es santa porque es el lugar donde nuestro Dios santo vive y reina. El cielo es un lugar de gozo y belleza indescriptibles, un lugar donde no habrá enfermedad, ni tristeza, ni dolor. Así será porque en el cielo *no habrá pecado*. Ni una pizca. "Nunca entrará en ella nada impuro" (Ap. 21:27).

¿Cómo podemos entonces aferrarnos a nuestro pecado y pensar que estamos listos para ir al cielo?

Carlos Spurgeon advierte:

> ¿Acaso piensa ir [al cielo] con su impiedad? Dios expulsó del cielo a un ángel por causa del pecado, ¿y acaso tolerará a su diestra a un hombre con pecado? Dios aboliría el cielo antes que permitir que el pecado lo pervierta.[3]

Y, como J. C. Ryle señala, es casi imposible para los que no tienen un corazón anhelante de santidad sentirse a gusto en el cielo:

> Sin santidad en la tierra nunca estaremos preparados para gozar del cielo. El cielo es un lugar santo. El Señor

del cielo es santo. Los ángeles son criaturas santas. La santidad está escrita en todo cuanto hay en el cielo... ¿cómo podremos sentirnos felices y a gusto en el cielo si morimos en impiedad?[4]

En relación con el nuevo hogar santo que Dios prepara para nosotros, el apóstol Pedro dice: "Por eso, queridos hermanos, mientras esperan estos acontecimientos, esfuércense para que Dios los halle sin mancha y sin defecto" (2 P. 3:14). Este mundo no es más que la antesala de la eternidad. ¿Con cuánto esfuerzo y cuidado se alista para llegar a su hogar eterno?

PORQUE EL BIENESTAR DE OTROS DEPENDE DE ELLO

Robert Murray McCheyne, el predicador escocés del siglo XIX, dijo: "La más grande necesidad de mi pueblo es mi propia santidad".

Eso es cierto no solo para los predicadores. La más grande necesidad de su cónyuge, de sus hijos, de sus amigos y de sus colegas no es su amistad, ni su servicio, ni sus capacidades, ni sus recursos económicos. Ni siquiera lo es testificarles de su fe. Lo que más necesitan es ver en usted el reflejo de lo que Dios es y del poder transformador del evangelio. Su vida puede producir hambre y sed de Dios en la vida de otros y puede ser un instrumento poderoso en las manos del Espíritu Santo para acercar sus corazones a Cristo.

Por otro lado, su vida puede causar un daño irreparable en otros. Adán jamás imaginó los efectos que su decisión pecaminosa produciría en toda la historia humana. *"por la transgresión de un solo hombre* murieron todos" (Ro. 5:15). De igual manera, usted no puede calcular cuántas vidas pueden desviarse o destruirse por causa de lo que usted podría considerar actos de desobediencia intrascendentes.

Contrario a la desobediencia de Adán, la obediencia del Señor Jesús a la voluntad de su Padre trajo bendiciones incalculables para la raza humana "de la misma manera *por la justicia de uno* vino a todos los hombres la justificación de vida" (Ro. 5:18b, RVR).

> LO QUE MÁS NECESITAN LOS DEMÁS ES VER EN USTED EL REFLEJO DE LO QUE DIOS ES.

Jesús oró como sumo sacerdote: "Y por ellos me santifico a mí mismo, para que también ellos sean santificados en la verdad" (Jn. 17:19).

Este versículo ha sido muchas veces un aliciente y un reto para mí cada vez que lucho con la obediencia. Cuando me siento tentada a complacer en secreto a mi carne al comer o dormir demasiado, mirar vídeos que toleran la inmoralidad (aun si se trata de "clásicos en blanco y negro"), ser negligente en mi trabajo, herir con mis palabras, o ceder ante emociones egocéntricas, esta verdad me ayuda a hacer un alto y pensar en el efecto que produciría mi decisión en las personas que me consideran un ejemplo a seguir.

Ya es demasiado para mí tomar decisiones que dañen mi relación con Dios. ¿Cuánto más serio es inclinar a alguien a pecar? No solo debo elegir el camino de la santidad por causa de Dios y de mí misma, sino también por el bien de los demás.

Nuestras decisiones afectan *a otros creyentes*. Y en gran medida, *el mundo perdido* establece su visión de Dios por las vidas de quienes profesan conocerlo. Un amigo me comentó alguna vez acerca de otro creyente: "Si algún día decidiera no ser cristiano, como estuvo a punto de suceder, sería por causa de ese hombre". Me pregunto cuántas personas han preferido no creer en Cristo por algo que han visto o experimentado con aquellos que invocamos el nombre del Señor.

Quizá más de lo que usted imagine, el bienestar personal y espiritual de *sus hijos* será afectado por su obediencia a Dios.

> *Ten cuidado de obedecer todos estos mandamientos que yo te he dado, para que siempre te vaya bien, lo mismo que a tu descendencia.*
>
> —Deuteronomio 12:28

Rara vez los padres se dan cuenta de cuán determinante es su ejemplo para sus hijos, hasta que es demasiado tarde. Sus hijos pueden ver que usted es amable y bondadoso con las personas de la iglesia y en cambio irritable y áspero con los que viven en casa. Ve cómo usted usa un detector de radar para poder violar la ley sin ser visto. Lo escuchan cuando llama al trabajo con voz de enfermo cuando saben que va a salir de compras con un amigo. Lo escuchan usar un lenguaje en casa que jamás se atrevería a usar en público. Saben cuánto menosprecia usted a su cónyuge. Y saben que la única ocasión en la cual abre usted la Biblia en casa es para preparar su lección de escuela dominical.

Ellos saben cuáles son sus normas de moral cotidiana, no lo que usted *les ha dicho* que deben ser, sino lo que son realmente. ¿Por qué? Porque ellos conocen la clase de vídeos que usted alquila, lo que le causa risa en la televisión y la clase de libros y revistas que trae a casa.

Si esos niños crecen y aman al mundo y son completamente indiferentes a lo espiritual, ¿qué tiene de extraño? ¿Estará usted preparado para rendir cuentas de la manera como su vida afectó las decisiones que ellos tomaron? En un sentido muy real, su sed por la santidad, o la falta de ella, moldea el corazón y el carácter de la siguiente generación.

> EL PROPÓSITO Y EL DESTINO FINAL DE SU EXISTENCIA ES SER SANTO.

¿Tanto ama usted su pecado que no está dispuesto a renunciar a él por el bien de los demás? ¿Le importa más complacer sus apetitos carnales que el bienestar eterno de su descendencia?

¿Por qué preocuparse por ser santo? ¿Por qué estar dispuesto a decirle *no* a su carne y *sí* a Dios, día tras día? Porque el mundo necesita con urgencia ver cómo es Dios. Porque el propósito y el destino final de su existencia es ser santo. Por el precio que Jesús pagó para hacerlo a usted santo. Porque usted es un santo. Porque los santos ven y conocen a Dios. Porque usted se está preparando para vivir en un lugar donde no hay pecado. Y porque su ejemplo puede inspirar a alguien que lo observa a elegir o rechazar el camino de la santidad.

NOTAS

1. Blaise Pascal, citado en *New Encyclopedia of Christian Quotations* [Nueva Enciclopedia de citas cristianas], compilación de Mark Water (Grand Rapids: Baker, 2000), 477.
2. J. C. Ryle, *Holiness: Its Nature, Hindrances, Difficulties, and Roots* [Santidad: su naturaleza, obstáculos, dificultades y orígenes] (Welwyn, Hertfordshire, Inglaterra: Evangelical Press, 1985 reimp.), 40.
3. *Spurgeon's Expository Encyclopedia: Sermons by Charles H. Spurgeon:* "Holiness Demanded" [Enciclopedia expositiva de Spurgeon: Sermones de Carlos H. Spurgeon: "La santidad exigida"] (Grand Rapids: Baker, 1978), vol. VIII, 465.
4. Ryle, *Holiness* [Santidad], 42.

EL ENEMIGO DE LA SANTIDAD

Que el buen Dios perdone otro pecadito.
Borrón y cuenta nueva para volver a manchar.
"Dios, no soy más que un hombre,
no es por más…"
Pecar por un rato y nada más…

STEVE TAYLOR[1]

Por más de doce veranos, Timothy Treadwell, un amante de la naturaleza y "especialista en osos", vivió en paz y desarmado entre los osos grises de Alaska, viviendo solo y filmándolos. Era conocido por su actitud confiada hacia los animales, por ponerles nombres y acercarse con frecuencia lo suficiente como para tocarlos.

En su aparición en el programa de entrevistas de David Letterman, Treadwell describió a los osos como "criaturas amigables", prácticamente inofensivas. Dos años después, el 6 de octubre de 2003, fueron encontrados los cuerpos lacerados de Treadwell y su novia, por un ataque de osos en el Parque Nacional Katmai en la península de Alaska.

La lección era demasiado evidente: Los animales salvajes no pueden "reformarse". Sin importar cuán cómodo o confiado pueda usted sentirse en su presencia, tarde o temprano se comportarán según su naturaleza. Pensar de otra manera es coquetear con la tragedia. Un temor y respeto sanos guarda a la mayoría de las personas de acercarse demasiado a las bestias salvajes. ¿Qué nos lleva entonces a pensar que podemos acercarnos a una bestia mucho más mortífera llamada *pecado* y sobrevivir? En nuestro subconsciente, quizá, tendemos a considerar ciertos pecados como "inofensivos", en especial si hemos jugado con ellos durante años y nunca hemos sido heridos de gravedad.

Recuerdo lo que un amigo me contó acerca de un culto al que asistió hace poco, en el que un líder laico se paró ante la

> LO QUE HACE AL PECADO TAN HORRENDO Y DEPLORABLE ES QUE ES ALGO *CONTRA* DIOS.

congregación y confesó: "He llegado a tolerar cierto grado de pecado en mi vida".

Este miembro de iglesia no había cometido adulterio ni robado dinero. Simplemente le había sucedido lo que a la mayoría de nosotros: Había perdido la sensibilidad a la gravedad del pecado y había aceptado su presencia en nuestra vida en dosis "tolerables". Creo que nuestro concepto del pecado cambiará si echamos un serio vistazo a su naturaleza y sus consecuencias.

¿QUÉ ES EL PECADO?

Si usted creció en una iglesia, al igual que yo, tal vez haya aprendido desde pequeño que la esencia del pecado es quebrantar la ley de Dios. Un manual de teología sistemática, por ejemplo, dice: "El pecado es la oposición a la ley moral de Dios en hechos, actitudes o naturaleza".[2]

La palabra hebrea que se usa en primera instancia para "pecado" en el Antiguo Testamento significa "errar el blanco". Otras palabras que se usan para describir el pecado señalan la incapacidad humana de estar a la altura de una norma o expectativa divina.

Esta definición judicial de pecado es importante y útil. Sin embargo, en años recientes, he sido confrontada con el descubrimiento de que el pecado no es solo "errar el blanco" o "la oposición" a una norma impersonal. El pecado es también profundamente personal y tiene serias implicaciones en las relaciones. Lo que hace al pecado tan horrendo y deplorable es que es algo *contra Dios*.

Claro, lastima a otros y hay consecuencias para quienes pecan. Pero por encima de todo, el pecado es contra Dios, pues quebranta su ley y carácter santos.

José rehusó ceder ante el acoso de la esposa de su jefe porque reconoció que al hacerlo no solo pecaría contra la mujer y su esposo, profanaría su propia conciencia y empañaría su reputación. Él se refrenó porque estaba convencido de que su pecado atentaría contra Dios: "¿cómo, pues, haría yo este grande mal, y pecaría contra Dios?" (Gn. 39:9, RVR). De modo que el adulterio y cualquier otro pecado, son un "grande mal".

Nunca experimentaremos el dolor y el quebrantamiento debidos por nuestro pecado hasta que comprendamos que todo pecado que cometemos es contra Dios.

ADULTERIO ESPIRITUAL

La razón por la cual el adulterio es tan nefasto para un matrimonio, es que significa el quebrantamiento de un pacto, vulnerar una relación, romper algo que Dios unió.

En las Escrituras, cuando Dios quiere comunicar la naturaleza y la seriedad del pecado, usa muchas veces el lenguaje figurado de la infidelidad matrimonial y el pecado sexual, con palabras fuertes como adulterio, prostitución, lascivia, perversión y promiscuidad.

> *...tú te has prostituido con muchos amantes, y ya no podrás volver a mí —afirma el Señor—... Has contaminado la tierra con tus infames prostituciones... Tienes el descaro de una prostituta; ¡no conoces la vergüenza!*
>
> —Jeremías 3:1–3

A lo largo de las Escrituras, Dios aparece como un esposo fiel y consagrado, muy celoso de su relación exclusiva con su esposa. Cuando su esposa es infiel, Dios aparece como un Amante rechazado, profundamente injuriado. Él es provocado a justa ira y dolor cuando un amante extraño entra en la relación.

La próxima vez que usted peque, imagine que su cónyuge está enredado en un amorío apasionado con alguien que conoció en la Internet. Imagine que su padre abandona a su madre después de treinta y cinco años de matrimonio para adulterar con una colega de trabajo. Imagine a su yerno, que usted creyó amaba a su hija, durmiendo con prostitutas en sus viajes de negocios.

Trate de sentir la intensidad de la conmoción, el rechazo, el dolor, la ira que brotarían de lo más profundo de su ser tras descubrir la verdad.

Luego, piense que su experiencia sería tan solo una diminuta muestra de lo que Dios siente con respecto a nuestro pecado.

Ahora, imagine que su cónyuge entra por la puerta y dice con tranquilidad: "A propósito, cariño, desde hace un tiempo salgo con esa persona que trabaja conmigo. No es nada serio, nada más una aventura. Está bien, admito que hemos dormido juntos pero creo que apenas unas seis o siete veces. Quiero que sepas que todavía te amo y que en verdad espero que sigas conmigo y satisfagas mis necesidades".

Peor aún, imagine cómo se sentiría si su cónyuge se negara a romper la relación ilícita y en cambio siguiera durmiendo con su amante una o dos veces por semana, mes tras mes, año tras año, al tiempo que insiste en decirle que en verdad lo ama y también quiere seguir viviendo con usted. ¿Cuánto tiempo le tomaría decir: "¡No! ¡No puede vivir conmigo y con su amante al mismo tiempo! ¡Tiene que elegir!"?

Tan desagradables y desgarradoras como son estas situaciones para quienes han pasado por ellas, nos permiten comprender un poco lo que le hacemos a nuestro Esposo celestial cuando insistimos en "dormir" con nuestro pecado, al tiempo que profesamos estar comprometidos en nuestra relación con Él.

//Hace unos años, me encontré con una amiga que estaba muy perturbada tras haber descubierto recientemente que su esposo le era infiel. En cierto momento se desplomó a mis pies y empezó a llorar descontrolada. Al arrodillarme junto a ella y empezar a llorar con ella, dijo conmocionada: "¡Nunca imaginé sentirme tan herida y rechazada!"

Por casi veinte minutos esta mujer destrozada lloró sin parar, lamentando el rompimiento de la relación exclusiva e íntima que había disfrutado con su esposo. Mientras la abrazaba, comprendí con mayor claridad lo que nuestro pecado e infidelidad le infligen a Dios//Espero nunca olvidar esa escena.

De alguna manera, el mundo evangélico se las ha arreglado para redefinir el pecado. Hemos llegado a considerarlo como un comportamiento normal, aceptable, algo que quizá debamos mitigar o controlar pero no erradicar y hacer morir. Hemos caído tan bajo que no solo podemos pecar tranquilamente, sino que asombra ver que llegamos incluso a reírnos del pecado y entretenernos con él.

Me pregunto si osaríamos ser tan arrogantes respecto al pecado si entendiéramos un poco sobre cómo Dios lo ve. Nuestro pecado le rompe el corazón a nuestro Amante Dios que nos creó y nos redimió para sí. Decirle sí al pecado es arrojarse en los brazos de un amante. Es traer un rival a una relación de amor sagrada.

> DECIRLE SÍ AL PECADO ES ARROJARSE EN LOS BRAZOS DE UN AMANTE.

¿CUÁLES SON LOS EFECTOS DEL PECADO?

Además de afectar a un Dios santo y a otros, el pecado también demanda un precio de quien lo comete. Tan cierto como los animales salvajes en los que confió Timoteo Treadwell lo atacaron después, el pecado hace del que se rinde a él su presa. *Antes* de ceder a la próxima tentación, trate de recordar las siguientes consecuencias:

El pecado lo decepcionará. El pecado jamás cumple sus promesas. Es indiscutible que el pecado produce placer pero frente al asalto de la tentación debemos recordar que esos "placeres" son "efímeros" (He. 11:25).

Todos sabemos lo que significa complacer a nuestra carne con la esperanza de sentirnos mejor, encontrar alivio, sentir emociones intensas, o satisfacer un anhelo profundo. Sin embargo, ¿puede mirar hacia atrás y decir "¡vaya! ¡sí que valió la pena!"?

Lo dudo. Si es franco, tal vez tenga que decir: "Toda gratificación que haya experimentado por esa decisión duró muy poco. Y estoy seguro de que no valió la pena el precio que pagué por tenerla".

Los placeres pecaminosos simplemente no duran. Tan pronto el "impulso" inicial se extingue, el disfrute se vuelve inevitablemente miseria, vacuidad, y vergüenza.

El pecado lo engañará. Entre más terreno le ceda al pecado, más perderá su capacidad para discernir lo verdadero. Cuando su conciencia es profanada, poco a poco perderá su indicador moral, su capacidad de discernir lo bueno y lo malo. Empieza a pensar que el blanco es negro y viceversa. Se vuelve ciego a la gravedad y alcance de su pecado.

> ENTRE MÁS TERRENO LE CEDA AL PECADO, MÁS PERDERÁ SU CAPACIDAD PARA DISCERNIR LO VERDADERO.

Cuando otros tratan de señalar esos puntos ciegos, en lugar de humillarse y reconocer su falta, usted se defiende o insiste en que lo juzgan injustamente. Empieza a pensar que puede seguir pecando impunemente, que de algún modo usted es una excepción a la regla y que escapará a las consecuencias.

El pecado lo llevará poco a poco a transigir cada vez más, al tiempo que lo convence de que usted es capaz de manejarlo y de que no es tan malvado.

El pecado lo dominará. El pecado nos seduce con la ilusión de que es la entrada a la libertad. La verdad es que quienes se divierten con el pecado finalmente se convierten en sus esclavos.

> *Al malvado lo atrapan sus malas obras;*
> *las cuerdas de su pecado lo aprisionan.*
> —Proverbios 5:22

Pedro habla de maestros falsos e impíos (disfrazados de lo contrario) que incitan a sus oyentes a pecar: "Les prometen libertad, cuando ellos mismos son esclavos de la corrupción, *ya que cada uno es esclavo de aquello que lo ha dominado*" (2 P. 2:19).

¿Qué clase de libertad es vivir dominado por apetitos pecaminosos? ¿O sentirse obligado a ceder cada vez que sus apetitos carnales exigen ser alimentados? ¿O correr cada vez que el afán de complacer a su carne toca a su puerta?

Nuestra cultura ha patrocinado un estilo de vida cuyo lema es: "Si el placer es doble, la culpa desaparece". ¿Y cuál es el resultado? Nos hemos vuelto una sociedad compulsiva y muy adictiva. *Somos esclavos*, esclavos del sexo, de la lujuria, de la comida, del entretenimiento, de los juegos, de la diversión, del trabajo, de los juguetes, del ruido, de las actividades, del alcohol, de las drogas, de las ocupaciones, de las terapias y de mucho más. Hemos sido dominados por los mismos "placeres" que pensábamos que nos harían libres.

El pecado lo destruirá. En octubre de 2003, llamas incontenibles destruyeron inmensos terrenos al sur de California, que consumieron más de 300 000 hectáreas, destruyeron más de 3.600 casas y cobraron veintidós vidas.

Ken Hale, un jefe del departamento forestal, fue uno de los muchos bomberos que de forma heroica lucharon sin descanso para controlar las llamas. Después de estar en la línea del fuego durante cincuenta y cinco horas, Hale contó cómo su perspectiva había cambiado al ver la naturaleza destructiva del fuego: "Tan pronto encontré personas muertas, todo mi concepto acerca del fuego cambió. Pasó de ser un fuerte adversario, a ser algo extremadamente mortífero, un monstruo".[3]

> TODO PECADO SIN CONFESAR ES UNA SEMILLA QUE PRODUCIRÁ UNA COSECHA MULTIPLICADA.

La mayoría de nosotros se ha familiarizado tanto con el pecado que ya no lo vemos como un monstruo mortífero. El pecado es más peligroso que los osos salvajes, más mortífero que un incendio forestal. Pregúntele a Nabucodonosor, que enloqueció por no querer renunciar a su orgullo. Pregúntele a Sansón, que quedó reducido a su mínima expresión porque nunca logró controlar los deseos de su carne. Pregúntele a Acán, a Ananías y a Safira, que perdieron su vida por "pequeños" pecados secretos.

No solamente los "pecados graves" que comete su vecino o colega son mortíferos. Sus "pecados leves" pueden ser igualmente destructivos. Tal vez usted nunca se haya acostado con el cónyuge de otro pero su corazón para Dios puede experimentar la misma destrucción por dar cabida al fuego de los celos, a la ira, a la autocompasión, a la preocupación y a la glotonería, que siguen impunes en su vida.

J. C. Ryle advierte acerca del riesgo de ser ingenuo sobre los efectos del pecado y nos insta a verlo como el monstruo destructivo que es en realidad.

Temo que no comprendemos lo suficiente la extrema sutileza de la enfermedad de nuestra alma. Somos demasiado propensos a olvidar que la tentación de pecar difícilmente se nos presentará como es en verdad y dirá: "Soy tu amigo mortal y quiero destruir tu vida para siempre en el infierno". ¡Claro que no! El pecado viene a nosotros, como Judas, con un beso y como Joab, con una mano extendida y palabras lisonjeras. El fruto prohibido le parecía bueno y codiciable a Eva y sin embargo la expulsó del Edén. El paseo ocioso en la azotea de su palacio le pareció inofensivo a David y pese a esto terminó en adulterio y asesinato. El pecado rara vez parece pecado en sus comienzos... podemos usar eufemismos para la maldad pero no podemos alterar su naturaleza y carácter a los ojos de Dios.[4]

¿Se conforma usted con mantener "cierto grado de pecado" en su vida, siempre que pueda controlarlo y manejarlo? Tome nota: *No existen pecados pequeños*. Todo pecado que no ha sido confesado producirá una cosecha multiplicada. Como advirtió Carlos Spurgeon: "Quienes toleran el pecado en lo que consideran asuntos intrascendentes, pronto cederán en los mayores".[5]

El derrumbamiento moral o espiritual que más nos toma por sorpresa ocurre por lo general porque hemos pasado por alto las fisuras y grietas en nuestro andar con Dios y en nuestra conducta moral. Los deslices que parecen pequeños e "inocuos" crecen rápidamente y abren el camino a consecuencias trágicas.

El pecado sexual es la punta del iceberg que se asoma después que varios pecados ocultos (lujuria y mentira, por ejemplo) han sido ignorados o justificados, ya sea por quien los comete o *incluso* muchas veces por otros creyentes que evitan confrontarlo por temor a parecer intolerantes o acusadores.

Recuerdo una reunión que tuve con unos amigos a la que asistió un hombre que había estado a punto de caer en adulterio durante un tiempo. Cuando lo cuestionamos y lo instamos a volverse a Dios y a su familia, descubrimos que este hombre no se había despertado una mañana y había decidido destruir a su esposa y a sus hijos y perder su empleo por una aventura amorosa. El hecho es que durante años él había consentido pecados como la amargura, la ira y el orgullo, que habían infectado su espíritu. Luego, para remediar su "herido corazón", él justificaba "pequeños" deslices morales, que llevaron a otros mayores y a más engaño y justificación. Al final, terminó atrapado en una fuerte adicción sexual.

Al escucharlo, me parecía increíble el precio que había cobrado el pecado en la vida de este hombre que alguna vez fue un esposo y padre fiel y amoroso. Se había vuelto duro, amargado y confundido, un ejemplo vivo de las consecuencias del pecado.

Era infeliz. El pecado no trajo la felicidad que prometió. Sus ideas eran profundamente torcidas y engañosas, estaba atrapado y sin esperanza (aparte de la gracia de Dios que en ese momento no estaba dispuesto a recibir) y de camino a la autodestrucción. Con todo, se aferraba tanto a su pecado, que estaba dispuesto a vivir con sus consecuencias en vez de rechazarlo.

Cuando comenzó su romance él no tenía idea de lo que podría sucederle. Dijo: "Cuando me descubrieron pensé acabar con la relación y volver a mi familia". Luego dijo: "Lo que no sabía era que no iba a ser *capaz* de acabar con esto". Satanás lanzó el anzuelo, este hombre lo agarró pensando que lo disfrutaría por un tiempo, solo para descubrir que estaba atrapado. Después de escuchar esta historia, pensé: *¡No vale la pena! No vale la pena aferrarse a un solo pecado. Oh, Señor, te ruego que nunca permitas que deshonre tu nombre considerando el pecado con ligereza.*

ENFRENTEMOS NUESTRA NATURALEZA PECAMINOSA

En su mayoría, quienes leen un libro como este no están envueltos en una aventura amorosa (aunque algunos, sin duda, juegan con fuego). Sin embargo, a las personas "buenas" que nunca han cometido adulterio les puede resultar muy difícil reconocer su propia pecaminosidad. Por haber crecido en un ambiente evangélico, educada para "hacer lo correcto" y por haber estado inmersa en el estudio bíblico, la iglesia, los amigos y las actividades cristianas, una de mis mayores luchas personales era verme como *pecadora* y ver *mi* pecado como algo realmente detestable.

Puedo certificar que cuando dejamos de sentir la gravedad de nuestro pecado, también dejamos de conmovernos ante el sacrificio de Cristo en la cruz por el pecado. Nuestro corazón se vuelve seco y duro. Lo sabemos, lo hemos escuchado "sí claro, lo de siempre, ¿y qué?" Nunca diríamos tal cosa, por supuesto pero para ser francos, sé muy bien que no pasa de ser otro sermón que escuchamos sobre la gracia sublime de Dios, otro coro que entonamos sobre la maravillosa cruz, otra Santa Cena en la que participamos, otra representación de la pasión a la que asistimos y todo nos resbala.

Mientras escribía este libro, el Señor me ha concedido en su gracia una mayor sensibilidad a la gravedad de mi pecado. Recuerdo en especial una noche en la que fui confrontada con la imagen de mi pecado como adulterio espiritual contra Dios. Me sentí abrumada por lo que le costó a Él perdonar los pecados que yo había cometido con tanta despreocupación y que no consideraba un "asunto serio". A la luz de su santa presencia, los pecados que tanto había subestimado y que creía poder "manejar" parecían monstruosos. Fui confrontada con mi corazón depravado como hacía mucho tiempo no lo había experimentado.

En ese momento, Dios me concedió el don del quebrantamiento y del arrepentimiento. Empecé a sollozar, me sentía como una pecadora con una urgente necesidad de la misericordia de Dios y clamé para ser lavada de nuevo por la sangre de Jesús.

Al meditar en ese precioso tiempo de contrición y confesión, experimenté una gratitud y asombro extraordinarios. Me parecía increíble que hubiera sido tan misericordioso *conmigo*. También tuve que reconocer que, a pesar de haber llorado por el pecado de otros, no podía recordar cuándo fue la última vez que había llorado por *mis* pecados.

No sugiero que Dios quiera que sus hijos vivan bajo el peso del pecado confesado, o que debamos buscar experiencias emocionales. Sin embargo, estoy convencida de que todo cristiano necesita con frecuencia recordar la gravedad del pecado que mora en él, pues de lo contrario la misericordia, la gracia y la cruz de Cristo pierden valor ante nuestros ojos.

VOLVERNOS A DIOS Y SER RESTAURADOS

El profeta Oseas vivió en carne propia el rechazo que se siente por la traición de una esposa adúltera. Su dolorosa experiencia se convirtió en una lección objetiva para mostrarle a Israel cómo veía Dios el pecado. En el último capítulo, Oseas suplica que reconozcan su pecado y elijan el camino del arrepentimiento.

Vuélvete, Israel, al Señor tu Dios. ¡Tu perversidad te ha hecho caer! Piensa bien lo que le dirás, y vuélvete al Señor con este ruego: Perdónanos nuestra perversidad, y recíbenos con benevolencia»
—Oseas 14:1–2

¿Necesita volverse a Dios? ¿Ha llegado a tolerar "cierto grado de pecado" en su vida? ¿Dios ha abierto sus ojos para ver la gravedad de su pecado ante Él? Tal vez ni se atreva a creer que Él lo reciba. Tal vez sienta que es incapaz de enfrentar lo que ha hecho.

La respuesta de Dios a su pueblo nos infunde esperanza. Muestra que es un Dios de asombrosa e infinita misericordia y perdón, un Redentor y Restaurador que está dispuesto y es poderoso para hacer todo nuevo en la vida de quienes se arrepienten de verdad:

> *Yo corregiré su rebeldía y los amaré de pura gracia,*
> *porque mi ira contra ellos se ha calmado.*
> *Yo seré para Israel como el rocío,*
> *y lo haré florecer como lirio...*
> *tendrán el esplendor del olivo y la fragancia del cedro del Líbano.*
> *Volverán a habitar bajo mi sombra,*
> *y crecerán como el trigo.*
> —Oseas 14:4–7

Querido amigo, ¡créalo, arrepiéntase y sea restaurado!

NOTAS

1. Steve Taylor. "Sin for a Season" [Pecar por un rato]. © Birdwing Music/BMG Songs/C.A. Music. Todos los derechos reservados. Usado con permiso.
2. Wayne Grudem, *Systematic Theology* [Teología sistemática] (Grand Rapids: Zondervan, 1994), 490.
3. Seth Hettena. "Two Huge California Fires Threaten to Merge" [Amenaza de dos gigantescos incendios en California], noticia relatada en Yahoo.com, 28 de octubre de 2003.
4. J. C. Ryle, *Holiness: Its Nature, Hindrances, Difficulties, and Roots* [Santidad: su naturaleza, obstáculos, dificultades y orígenes] (Welwyn, Hertfordshire, Inglaterra: Evangelical Press, 1985 reimp.), 7.
5. Carlos H. Spurgeon, *1000 Devotional Thoughts* [1000 meditaciones devocionales] (Grand Rapids: Baker, 1976), nos. 404, 204.

CAPÍTULO 4

EL ROSTRO DE LA SANTIDAD

*Entre más se acerca mi corazón a Cristo,
más disfruto la libertad del poder del pecado.*

H. A. IRONSIDE[1]

Si usted ha sido cristiano por mucho tiempo, quizá haya luchado con pensamientos como los que expresó este desalentado creyente:

> Me odiaba, odiaba mi pecado... sentía que nada deseaba más en este mundo [como la santidad], nada que necesitara tanto. Sin embargo, lejos de alcanzarla, mientras más me esforzaba por alcanzarla y luchaba por tenerla, más lejana parecía, hasta que la esperanza casi muere... no puedo decirle cuánto lucho con la tentación. Nunca supe lo malo que era mi corazón... a veces me siento tentado a pensar que alguien tan pecador pueda siquiera llamarse un hijo de Dios.[2]

¿Le asombraría saber que estas angustiosas palabras salieron de la pluma de uno de los hombres más admirados de la historia de la Iglesia?

J. Hudson Taylor, pionero misionero en China en el siglo XIX, era reconocido como un hombre de fe, sacrificio, oración y devoción extraordinarios. Cuando escribió estas palabras, Taylor lideraba una misión pujante.

Durante varios meses había tenido la carga por una mayor santidad en la misión y en su propia vida. Más adelante escribió acerca de este período:

Oré, agonicé, ayuné, luché, tomé determinaciones, leí la Palabra con mayor diligencia... pero en vano. Cada día, casi cada hora, la conciencia de pecado me oprimía.[3]

En el otoño de 1869, Hudson Taylor llegó a un punto crítico. La presión de las circunstancias se había acumulado durante meses. Había experimentado un ataque con una enfermedad grave, el calor era insoportable, las preocupaciones relacionadas con la supervisión de un ministerio grande y creciente, las infinitas ocupaciones y los numerosos y prolongados viajes bajo las condiciones primitivas en el interior de China. Se dio cuenta de que tenía los nervios deshechos, era irritable, hiriente, e incapaz de llevar la vida de santidad que tanto anhelaba tener.

De lo profundo de su corazón atormentado, hizo una pregunta que tal vez usted ha hecho también en algún momento, al igual que yo: *"¿Hay esperanza? ¿Viviré así para siempre, en constante conflicto y en lugar de victoria, tantos fracasos?"*[4]

Aún angustiado, regresó a casa después de un viaje y encontró una carta de un colega misionero llamado John McCarthy, que hace poco había tenido un encuentro renovado con Cristo.

Su testimonio incluía una cita de un libro titulado *Cristo es todo*: "Recibir al Señor Jesús es el comienzo de la santidad; abrazar al Señor Jesús es el progreso de la santidad; *la presencia permanente* del Señor Jesús sería la santidad completa".[5]

McCarthy siguió con una descripción del cambio tan marcado que este mensaje operaba en su vida:

> En permanencia, no en lucha ni esfuerzo, mirándolo a Él, confiando en Él para recibir poder en el presente y someter a Él toda maldad, descansando en el amor del Todopoderoso Salvador... esto no es nuevo y sin embargo lo es para mí. Siento como si apareciera ante mí el alba de un día glorioso.[6]

Al leer la carta de McCarthy, Taylor recibió una nueva visión de Cristo que resultó transformadora.

Seis semanas después, Taylor recibió una carta de su hermana en Inglaterra. Ella abría su corazón para contar las presiones que debía enfrentar como madre de una familia creciente y la frustración que sentía en

> DE PRINCIPIO A FIN, EL CAMINO DE LA SANTIDAD ES UNA VIDA DE FE.

su propio andar con Dios. En su respuesta, Taylor le comunicó a su hermana lo nuevo que Dios había hecho en su vida:

> Al leer [la carta de McCarthy] ¡lo vi todo!... vi a Jesús (y cuando vi, ¡cómo fluyó el gozo!) y comprendí lo que Él dijo: "Nunca te dejaré" "Sí, ¡*hay* descanso!" Pensé... no solo comprendí que Jesús nunca me dejará, sino que soy un miembro de su cuerpo, de su carne y de sus huesos... Ay, ¡la dicha de comprender esta verdad!... es algo maravilloso ser en realidad uno con un Salvador resucitado y exaltado, ¡ser parte de Cristo! Piensa lo que eso significa. ¿Puede Cristo ser rico o pobre? ¿Puede tu mano derecha ser rica y la izquierda pobre? ¿O tu cabeza estar bien alimentada mientras tu cuerpo padece hambre?... todo esto fluye de la unidad del creyente con Cristo. Y como Cristo vive en mi corazón por la fe, ¡cuán feliz he sido![7]

PRACTIQUE LA MIRADA QUE TRANSFORMA

De principio a fin, el camino de la santidad es una vida de fe, fe en la persona, la obra y el evangelio de Cristo. Fuimos justificados, declarados justos, por la fe en la obra expiatoria de Cristo a nuestro favor. Y somos santificados, hechos justos de manera progresiva en nuestra manera de vivir, no por nuestro esfuerzo, sino mediante la fe en su gracia santificadora.

Al mirar a Jesús, Hudson Taylor descubrió el poder de vivir una vida santa. Le escribió a su hermana: "Soy tan propenso a pecar como siempre pero siento la presencia de Cristo como nunca. Él no puede pecar y puede librarme del pecado".[8] Jesús puede guardarnos de pecar. Y cuando pecamos, nos limpiará y perdonará. Por medio de la cruz de Cristo, Dios ha hecho posible el perdón para todo pecado que podamos cometer. Su gracia es infinitamente más poderosa que cualquier atadura pecaminosa. Como dijo con tanta elocuencia Carlos Spurgeon, un Salvador como Él es la única esperanza del pecador:

> SI MIRAMOS A ÉL, SOMOS TRANSFORMADOS EN SU IMAGEN.

Aunque haya luchado en vano contra sus hábitos impíos, aunque haya tratado de acabar con ellos y resuelto una y otra vez solo para ser derrotado por sus pecados que parecen gigantes y por sus terribles pasiones, hay Uno que puede vencerlos todos por usted. Hay Uno más fuerte que Hércules, que puede asfixiar toda raíz de lujuria, exterminar al león de sus pasiones y limpiar los oscuros rincones de su naturaleza maligna haciendo fluir los abundantes torrentes de sangre y agua de su sacrificio expiatorio por toda su alma. Él puede hacerlo y conservarlo puro. ¡Mírelo a Él![9]

Hay algo poderoso en fijar nuestros ojos en Jesús en nuestra búsqueda de la santidad. El apóstol Pablo lo expresó de esta manera:

Así, todos nosotros, que con el rostro descubierto reflejamos como en un espejo la gloria del Señor, somos transformados a su

semejanza con más y más gloria por la acción del Señor, que es
el Espíritu.

—2 Corintios 3:18

Si lo miramos a Él, somos transformados en su imagen. En este momento nuestra capacidad de contemplar al Salvador es limitada, porque estamos en este cuerpo finito y aún debemos luchar con nuestra carne viciada. Pero un día, completamente libres de pecado, podremos ver a Cristo con toda claridad, tal como Él es. Al verlo, lo adoraremos plenamente y podremos ser como Él. En ese momento, nuestra transformación en su semejanza será completa.

Queridos hermanos, ahora somos hijos de Dios, pero todavía
no se ha manifestado lo que habremos de ser. Sabemos, sin
embargo, que cuando Cristo venga seremos semejantes a él,
porque lo veremos tal como él es.

—1 Juan 3:2

El anhelo de mi corazón y el de todo seguidor de Cristo, es llegar a ser como Él. Esa transformación no es algo que podamos hacer nosotros mismos, aparte del poder de su Espíritu Santo que mora en nosotros. Al igual que Hudson Taylor, tal vez usted luche y pelee por ser más santo. El Señor Jesús lo invita a abandonar su lucha, a venir a Él y a encontrar descanso para su alma. Al meditar en su magnificencia y seguir sus pasos, Él obrará en usted una maravillosa transformación que será completa cuando al fin lo vea cara a cara.

FÍJESE EN LA IMAGEN

Me gusta armar rompecabezas. Sin embargo, cuando abro la caja por primera vez, me parece increíble que todas esas piezas sueltas formen realmente un cuadro. A medida que lo armo, miro constantemente la imagen impresa en la caja, que muestra el cuadro que debe formar el rompecabezas una vez terminado. Sin esa imagen estaría perdida.

Si miramos las piezas revueltas de nuestra vida, a veces resulta difícil imaginar que podamos algún día reflejar algo bello. Dios nos ha dado una imagen que muestra cómo nos veremos cuando haya terminado su obra santificadora y transformadora en nuestra vida. Es la imagen de Jesús. En Cristo vemos un reflejo perfecto de nuestro Dios santo, porque "es el resplandor de la gloria de Dios, la fiel imagen de lo que él es" (He. 1:3). Él es el modelo para nuestra vida. Debemos tener presente siempre cómo ha de verse el resultado final. Por eso es indispensable que mantengamos siempre los ojos fijos en la imagen.

Jesús es el rostro de la santidad. Ser santo es ser como Él. Echemos un vistazo más de cerca a la imagen de la santidad en carne humana. Al hacerlo, pregúntese cómo es su vida en comparación con la de Jesús, en cada aspecto. La respuesta le ayudará a identificar su estado en el proceso de santificación.

UN VISTAZO A JESÚS, IMAGEN DE LA SANTIDAD
SU RELACIÓN CON SU PADRE

- Él vivió en total dependencia de su Padre. Confió en la provisión de Dios para sus necesidades, la dirección para su vida y ministerio, y el poder para llevar a cabo su misión en la tierra.

- Él se sometió por completo a la voluntad de su Padre. Amó la ley de Dios y la obedeció siempre.

- Vivió para agradar a Dios antes que a los hombres. Quiso renunciar a la aprobación de los hombres a fin de agradar a Dios.

SUS VALORES Y PRIORIDADES

- Su motivación suprema fue glorificar a Dios. Vino a la tierra sin otro plan que cumplir con los propósitos y la voluntad de Dios con la humanidad.

- Le dio primacía a lo eterno por encima de lo temporal. Por ejemplo, hacer la voluntad de Dios fue más importante para Él que comer (Jn. 4:31–34).

SUS RELACIONES

- Fue abnegado y siempre dio prioridad a los demás antes que a sí mismo. Tenía un corazón de siervo y siempre entregó lo que tenía para suplir las necesidades de otros.

- Estaba al servicio de quienes lo necesitaban, incluso cuando lo interrumpían en momentos inoportunos, como cuando estaba cansado (Jn. 4:6–7), era tarde (Jn. 3:2), se proponía descansar con sus amigos (Mr. 6:31–34), o durante sus tiempos de quietud (Mr. 1:35–39).

- Se sometió a las autoridades humanas. Siendo joven se sometió a la autoridad de su madre y de José. Enseñó y practicó el respeto y la sumisión a las autoridades civiles.

- Era misericordioso y extendió su perdón a quienes lo agraviaban.

SUS PALABRAS

- Solo habló lo que su Padre le indicó hablar. Como resultado, sus palabras tenían autoridad y poder.

- Siempre habló la verdad.

- Habló palabras compasivas conforme a la necesidad de sus oyentes.

SU CARÁCTER

- Llevó una vida de alabanza y gratitud.

- Era osado cuando debía confrontar a las personas con sus malas obras. Fue valiente cuando la voluntad de Dios exigía de su parte algo difícil.

- No fue competitivo ni celoso. Se gozó cuando Dios bendijo a otros o eligió usar a otros (como Juan el Bautista).

- Fue lleno del Espíritu Santo y manifestó el fruto del Espíritu en todo tiempo:

  + *Amor.* Amó a Dios con todo su corazón. Amó a otros con abnegación y sacrificio, al punto de estar dispuesto a dar su vida por sus enemigos. Demostró todas las cualidades del amor consignadas en 1 Corintios 13:4–8.

  + *Alegría.* Estaba lleno del gozo del Señor. Su gozo no dependía de las circunstancias porque Él confiaba en el control soberano de Dios en todas las cosas.

  + *Paz.* Actuaba con tranquilidad y fue pacífico en medio de las tormentas, la presión de la multitud y al soportar la cruz (Jn. 14:27). Tenía una paz interior que sobrepasaba todo entendimiento.

  + *Paciencia.* Fue sufrido, estuvo dispuesto a soportar circunstancias adversas y también los agravios que otros le infligían.

  + *Amabilidad.* Mostró preocupación sincera por los demás. Fue especialmente atento con las personas a quienes otros rechazaban. Fue considerado, cuidadoso y sensible a las necesidades de los demás.

✦ **Bondad.** La excelencia de su moral interior se manifestó en buenas obras que fueron evidentes. "anduvo haciendo el bien" (Hch. 10:38).

✦ **Fidelidad.** *Era completamente digno de confianza y fiel a la voluntad de Dios. Obedeció, sirvió y amó a Dios fielmente, hasta la cruz.*

✦ **Humildad.** Soportó la incomprensión y el maltrato sin vengarse. Reaccionó con mansedumbre ante la provocación. No se defendió, sino que se encomendó a sí mismo y su causa, a Dios. Rehusó exaltarse a sí mismo o buscar su propia gloria.

✦ **Dominio propio.** Fue controlado, sus pasiones y apetitos naturales estuvieron siempre bajo el control del Espíritu Santo.

El llamado a la santidad es un llamado a seguir a Cristo. Si la búsqueda de la santidad que no se centra en Cristo, pronto se volverá un simple moralismo, una justicia propia hipócrita y un esfuerzo personal inútil. Esta falsa santidad produce esclavitud, no libertad, resulta repulsiva para el mundo e inaceptable para Dios. Solo si ponemos nuestros ojos y nuestra esperanza en Cristo podemos experimentar la santidad verdadera, pura y atrayente que solo Él puede producir en nosotros. Ser santo es apropiarse de su santidad. Oswald Chambers nos lo recuerda:

> El único secreto maravilloso de una vida santa no radica en imitar a Jesús, sino en dejar que su perfección se manifieste en mi carne mortal. La santificación es "Cristo

en usted…" La santificación no es extraer de Jesús el poder para ser santo, sino tomar de Él la santidad que se manifestó en Él y que Él hizo manifiesta en mí.[10]

Ningún esfuerzo o lucha personal puede hacernos santos. Solo Cristo puede hacerlo. Si volvemos nuestros ojos a Él, descubriremos que Él es nuestro "tesoro inestimable, la fuente de la dicha más pura".[11] Empezaremos a anhelarlo a Él, su belleza, su justicia, más de lo que deseamos las seducciones centellantes que ofrece este mundo. Y seremos transformados en su semejanza.

NOTAS

1. H. A. Ironside, *Holiness: The False and the True* [Santidad falsa y la verdadera] (Neptuno, N.J.: Loizeaux Brothers, 1980), 33.
2. Los esposos Taylor, *Hudson Taylor and the China Inland Mission* [Hudson Taylor y la misión al interior de China] (Edinburgh: R & R Clark, 1918), 174, 166–67.
3. *Ibíd.*, 174.
4. *Ibíd.*
5. *Ibíd.*, 168.
6. *Ibíd.*, 169.
7. *Ibíd.*, 175–76.
8. *Ibíd.*, 177.
9. *Spurgeon at His Best* [Lo mejor de Spurgeon], compilación de Tom Carter (Grand Rapids: Baker, 1988), 101.
10. Oswald Chambers, *En pos de lo supremo* (Unilit: 1993), 23 de julio.
11. "Jesus, Priceless Treasure" [Jesús, tesoro inestimable], letras de Johann Franck, traducidas del alemán al inglés por Catherine Winkworth.

EL CAMINO A LA SANTIDAD:

DESPOJARSE: DECIRLE "NO" A LA CORRUPCIÓN

Destruya el pecado
o él lo destruirá a usted.

JOHN OWEN[1]

En la novela de Patricia St. John, *Star of Light* [Estrella de luz], una enfermera misionera de origen británico ayuda a un mendigo marroquí de once años, llamado Hamid. Noche tras noche ella lo recibe en su casa para cenar y calentarse junto al fuego, al igual que a otros niños mendigos. Una noche después de la cena, Hamid robó impulsivamente dos huevos de la cocina de la amable mujer, justo antes de que salieran juntos a la fría y lluviosa noche para visitar a otro niño necesitado. La mujer toma una antorcha para alumbrar el camino en las oscuras calles.

Sin embargo, para sorpresa de la enfermera, Hamid no quería caminar en la luz. Parecía inquieto por mantenerse fuera de su alcance, escabulléndose entre las cunetas, arrastrándose contra el muro. Estaba muy oscuro y lodoso y un par de veces se alejó un poco, asiendo con fuerza sus preciosos huevos en ambas manos… Se sentía incómodo. Tenía mucho miedo de que la luz lo alcanzara y por alguna razón no parecía que los huevos justificaran el esfuerzo. Quería deshacerse de los huevos y al mismo tiempo aferrarse a ellos.[2]

Como nos ocurre tantas veces, Hamid se debatía entre su deseo de hacer lo correcto y su deseo de aferrarse a su pecado, a pesar que le causara tanta desdicha.

Una carta que recibí de una mujer desconsolada evidencia la lucha que todo cristiano experimenta a veces entre sus deseos carnales y el Espíritu de Dios que mora en su interior.

He sido cristiana por 30 años, sirvo en mi iglesia y participo en estudios bíblicos. Aún me pregunto por qué mi naturaleza pecaminosa resulta siendo el "camino fácil". Es como si los pensamientos pecaminosos (preocupación, ira, duda) fueran mi *modus vivendi*, y a menos que haga un gran esfuerzo, mi mente se inclina siempre hacia lo mismo. Pareciera que a una nueva criatura en Cristo esto no se le dificultaría tanto. Creo que en el fondo nos gustaría encontrar un camino a la santificación que sea instantáneo, cómodo, rápido y sin tantas luchas. El hecho es que no existe tal cosa.

Según Hebreos 12:14, el camino a la santidad exige intensidad e intencionalidad.

Varias traducciones nos ayudan a comprender la fuerza de esta exhortación.

"Busquen... la santidad" (NVI).

"Procuren... llevar una vida santa" (DHH).

"Seguid... la santidad" (RVR).

O, como lo traduce Kenneth Wuest: *Sean constantes en su búsqueda anhelante... de la santidad.*[3]

En otras palabras, ser santos debe ser nuestro objetivo y aspiración constantes. Tenemos que trabajar por ello, concentrarnos en ello, como un atleta que fija su meta en la medalla de oro olímpica. El atleta se centra en su objetivo, se entrena y esfuerza al máximo para alcanzarlo, se sacrifica por él, soporta sufrimientos por causa de él y deja de lado otros afanes con el fin de lograr un objetivo mayor.

CONTROL DE MALEZAS

En lo que respecta a nuestra responsabilidad en la santificación, las Escrituras describen un proceso doble, a saber "despojarse" y "vestirse".

Como hijos de Dios que vamos en pos de la santidad, debemos "despojarnos" de nuestra vieja manera de vivir, pecaminosa y viciada, y de todo lo que pueda alimentar su crecimiento. Y debemos tomar la decisión de "vestirnos" de la vida santa que nos pertenece por medio de Cristo.

> LA SANTIDAD REQUIERE INTENSIDAD E INTENCIONALIDAD.

Los dos lados de la santidad aparecen muchas veces en el mismo pasaje:

Huye [despojarse] *de las malas pasiones de la juventud, y esmérate en seguir* [vestirse de] *la justicia, la fe, el amor y la paz.*

—2 Timoteo 2:22

...despójense [despojarse] *de toda inmundicia y de la maldad que tanto abunda, para que puedan recibir con humildad* [vestirse de] *la palabra sembrada en ustedes, la cual tiene poder para salvarles la vida.*

—Santiago 1:21

Otro término para "despojarse" es *mortificación.* Viene de una palabra latina que significa "exterminar" o "hacer morir". En un sentido espiritual, tiene que ver con la manera como tratamos con el pecado. Señala que hay una lucha, un combate implícito contra el pecado y que se requiere una acción decidida y determinada. Habla de poner el hacha a la raíz de nuestras inclinaciones y deseos pecaminosos. Denota intransigencia con todo lo que en nuestra vida sea contrario a la santidad de Dios.

Todo jardinero conoce bien su lucha permanente en tratar de eliminar las malezas que brotan sin cesar. Hay que "mortificarlas", hacerlas morir, arrancándolas de raíz. La santidad y el pecado no pueden crecer juntos en nuestra vida. Alguno tiene que morir. Si permitimos que las malezas del pecado crezcan sin control en nuestro corazón, en nuestra mente y en nuestra conducta, la vida santa de Cristo que fluye en nuestro interior será sofocada.

La mortificación es mucho más que deshacerse de aquello que es pecaminoso en sí. También significa estar dispuesto a eliminar todo lo que dentro y fuera de nosotros, sin ser en sí pecaminoso, pueda alimentar conductas o pensamientos impíos y por lo tanto hacernos pecar. Esto significa cortar todo lo que nos incite a pecar.

Hace algunos años descubrí que la televisión se había convertido en una maleza que sofocaba la santidad en mi vida. Entorpecía mi sensibilidad espiritual y minaba mi amor y anhelo por Dios. Poco a poco, con sutileza, el mundo robaba mi amor, alteraba mis apetitos y penetraba en mi alma. Terminé abrigando conductas, palabras, actitudes y filosofías que el mundo (¡y muchos cristianos!) consideran aceptables, consciente de que eran profanas.

Mientras más justificaba y me aferraba a mis hábitos televisivos, menos deseos sentía de cambiar. Dentro de mí, sabía que mi vida espiritual mejoraría sin la televisión. Sin embargo, durante meses, a pesar de la convicción del Espíritu en mi corazón, rehusé tomar medidas al respecto.

Un día dije al fin: *"Sí, Señor".* Acepté mortificar mi carne, emprender acciones decisivas contra lo que rivalizaba con la rectitud en mi vida. En mi caso, eso significó comprometerme a no ver televisión cuando estuviera sola.

Casi de inmediato, mi amor por Dios se avivó, mi anhelo por la santidad se renovó y mi espíritu volvió a florecer.

Es una decisión que nunca he lamentado.

Desde entonces, las pocas veces que he faltado a mi compromiso, como ver los titulares de los noticieros sobre un gran desastre o crisis, he descubierto que caigo fácilmente en mayores concesiones y en viejos hábitos. Esta es una actividad que, en mi caso, debe permanecer "mortificada" si aspiro alcanzar la santidad.

> ¿POR QUÉ SOMOS TAN PROPENSOS A DEFENDER LAS DECISIONES QUE NOS LLEVAN AL PECADO?

Esta idea puede parecer extrema para algunos y en torno al tema tal vez surja la palabra *legalista*. Debemos tener cuidado con establecer absolutos a partir de normas personales que no son explícitas en las Escrituras, o con suponer que otros pecan si no adoptan nuestras reglas personales sobre asuntos que para ellos no representan tropiezos. Aún así ¿por qué somos tan propensos a defender las decisiones que nos llevan al pecado y tan renuentes a tomar decisiones radicales que guarden nuestro corazón y mente de pecar?

En el sermón del monte, Jesús exhortó a sus oyentes a ser implacables en lo que respecta a cortar cualquier vía e incitación al pecado.

> *Y si tu mano derecha te hace pecar, córtatela y arrójala. Más te vale perder una sola parte de tu cuerpo, y no que todo él vaya al infierno.*

—Mateo 5:30

El apóstol Pablo así lo expresó:

Más bien, revístanse del Señor Jesucristo, y no se preocupen
por satisfacer los deseos de la naturaleza pecaminosa.
—Romanos 13:14 (cursivas añadidas)

Permítame hacer un paréntesis para hablar acerca de un asunto que considero esencial para los creyentes hoy. No me sorprende ver la cantidad de cristianos profesantes que luchan con la lujuria y el pecado sexual y "caen" en relaciones inmorales, cuando me entero de sus formas de entretenimiento, los libros y revistas que leen, la música que escuchan y las películas que ven.

Una mujer cuya dieta consiste básicamente de novelas románticas o revistas femeninas de moda, le abre camino a la tentación, si no a la caída. Cualquiera que se nutre de la cultura sensual a través de películas y otras formas de entretenimiento que incitan al sexo, presentan escenas inmorales y mujeres seductoras, va a tener luchas morales. ¡Cuente con eso!

En esto voy a ser directa. No me cabe la menor duda de que yo podría sentirme inclinada a cometer adulterio emocional, incluso físico, si no cuidara mi corazón continuamente. Nunca soy (ni seré) tan "espiritual" como para ser inmune al pecado sexual.

Puesto que quiero glorificar a Dios y serle fiel hasta el final, me he propuesto buscar la santidad. No quiero desagradar al Señor ni deshonrarlo. Tampoco quiero sufrir las horrendas consecuencias y los efectos destructivos de la inmoralidad. Así que como parte de mi "plan de batalla", he resuelto no exponerme al entretenimiento o a otras influencias que consientan la inmoralidad o que puedan alimentar los malos deseos.

Además, he tomado la determinación, por la gracia de Dios, de evitar situaciones que podrían tentarme a cometer pecados morales, ya sean emocionales, mentales, o físicos. Para mí, eso significa no reunirme a solas y en privado con hombres casados, no viajar ni cenar sola con hombres casados, enviar copia de los mensajes electrónicos de carácter personal a sus esposas, no cultivar amistades personales con hombres casados sin la presencia y participación de sus esposas. Lejos de ser una carga, estos límites han sido una gran bendición y protección en mi vida, me han librado de muchas tentaciones que habrían alejado fácilmente mi corazón del Señor.//

En el mundo actual esa clase de medidas parecen poco realistas o excesivas, aun para muchos cristianos.

> SOLO LA CRUZ TIENE EL PODER PARA QUEBRANTAR EL FUNESTO DOMINIO DE NUESTRO YO.

El problema es que la mayoría de personas en el mundo actual no buscan la santidad y por consiguiente, piensan que nada es pecado. El comportamiento que alguna vez les pareció inaceptable, incluso a los incrédulos, ahora lo consideran normal.

¡Pero usted y yo somos diferentes, recuerde que somos *santos!*

Por eso debemos tomar en serio la *mortificación*, hacer morir nuestra naturaleza pecaminosa y todo lo que alimente nuestra carne.

EL PODER DE LA CRUZ

En última instancia, la mortificación nos lleva a la cruz. Fue en la cruz donde murió Jesús *por* el pecado y donde murió al pecado para que nosotros pudiéramos ser libres *de* él. Solo la cruz tiene el poder para quebrantar el funesto dominio de nuestro yo. Al considerarnos crucificados con Él, nuestra carne, con sus deseos pecaminosos, es llevado a la muerte. Según el apóstol Pablo, esta "muerte" es una realidad, ya consumada, para cada creyente.

Sabemos que nuestra vieja naturaleza fue crucificada con Él para que nuestro cuerpo pecaminoso perdiera su poder, de modo que ya no siguiéramos siendo esclavos del pecado; porque el que muere queda liberado del pecado.

—Romanos 6:6–7

Sin embargo, debemos también a diario tomar la decisión de rechazar el dominio del pecado sobre nosotros:

Por lo tanto, no permitan ustedes que el pecado reine en su cuerpo mortal, ni obedezcan a sus malos deseos.

—Romanos 6:12

Entonces ¿cómo vivimos después de haber recibido las buenas noticias de que ya no somos "esclavos del pecado"? Usemos esa libertad para decirle *sí* a la justicia y *no* al pecado.

Si se encuentra frente a una situación u oportunidad para complacer a su carne, no se quede parado pensando qué hacer. No se engañe pensando que puede manejarlo. Más bien siga el ejemplo de José cuando la esposa de Potifar intentó seducirlo: José se mantuvo firme en su rechazo. Cuando un día ella lo asió de la ropa, él no se quedó hablando con ella sobre el asunto, sino que actuó con rapidez y determinación "salió corriendo de la casa" (Gn. 39:10–12). Rehusó entregarse, siquiera por un instante, a gozar cualquier placer que una relación ilegítima pudiera ofrecerle.

CRUCIFICAR LA CARNE

Algunas de sus luchas que requieren mortificación pueden diferir de las de otros creyentes. Comer en exceso (el término bíblico es glotonería) ha sido un pecado con el que lucho constantemente en mi vida y siempre tengo que mortificar mi carne en relación con mi apetito por la comida. Si usted no puede controlar sus hábitos alimenticios, pídale a un amigo o pariente que le pida cuentas de lo que come y cuándo come. Niéguese a su carne mediante el ayuno frecuente.

La bebida no es una tentación con la cual yo deba luchar pero si es un punto débil para usted, mortifique esos deseos manteniéndose alejado de los bares, no ande con gente bebedora, evite cualquier oportunidad y ocasión de beber alcohol, propóngase alejarse de todo eso. No piense que puede manejar "un solo trago".

Si no puede resistirse a la seducción de los juegos de computador, si éstos ocupan todo su tiempo, le hacen perder su hambre y sed de justicia, pídale a un amigo piadoso a quien pueda rendirle cuentas por el tiempo que pasa en esa actividad. O tal vez descubra que necesita renunciar por completo a ellos a fin de avivar su amor y anhelo por Dios. Si usted es seducido por la pornografía o le atraen las relaciones inmorales en la Internet, establezca parámetros para el uso de su computadora que impidan que usted siga pecando. Ponga su computadora en la sala familiar donde todos pueden ver la pantalla, establezca restricciones para su uso cuando está a solas o es tarde. Si es necesario, desconéctese del servicio de Internet o de cable.

Haga todo lo que esté a su alcance para mortificar los apetitos pecaminosos y las ansias de su carne.

Si las películas románticas lo hacen sentir desdichado con su soltería o insatisfecho con su cónyuge, o si alimentan fantasías sexuales en su mente ¡no las vea!

Si algunas revistas o libros despiertan pensamientos, deseos o imágenes mentales poco santos, anule la suscripción, bote los libros.

Si se siente tentado a experimentar intimidad física con la persona con la que sale, no salga con ella. Si es necesario, ¡lleve a su hermana, un amigo, o a su madre!

Si usted ya ha roto las normas bíblicas de pureza en la relación, tal vez necesite romper por completo. ¿Suena rudo? Sí.

SANTIDAD

La pregunta es: ¿Qué tan importante es para usted guardarse puro? Si usted valora la santidad, estará dispuesto a hacer todo lo necesario para guardar su corazón y protegerse, al igual que a la otra persona, de pecar contra Dios.

Si usted siente la tentación de involucrarse en una relación ilegítima con un colega, un consejero (sí, ¡eso sucede!), ¡huya!

> ¿QUÉ TAN IMPORTANTE ES PARA USTED GUARDARSE PURO?

Pida que lo transfieran, renuncie a su trabajo, cancele su próxima cita, busque un consejero del mismo sexo, o pídale a una pareja casada que lo aconseje. ¡No alimente su carne!

Una mujer escribió a nuestro ministerio y contó que por su anhelo de ser santa había cambiado de pediatra, al descubrir que el médico de sus hijos le atraía y que esperaba ansiosa las citas médicas para poder verlo.

En esto yo soy sumamente seria. Y usted debe serlo también. ¿Qué quiso decir Jesús con esta afirmación: "Si tu mano derecha te hace pecar, córtatela y arrójala" (Mt. 5:30), sino que estemos dispuestos a tomar medidas extremas para evitar el pecado?

Seguir alimentando el pecado y aferrarse a cualquier cosa que sea un medio para pecar es como esparcir fertilizante sobre las malezas ¡y luego quejarse de no poder exterminarlas!

A raíz de mi lucha con la glotonería tuve que alejarme de algunos restaurantes, a menos que pudiera rendirle cuentas a alguien allí, si deseo en realidad glorificar a Dios con lo que como.

¡Tengo una amiga que dejó de dormir siestas porque le parecía que "la hacían pecar"! Antes, cuando intentaba dormir una siesta, se enojaba con sus hijos cada vez que interrumpían su descanso, así que dijo: "Decidí no tomar siestas porque me preparaban para pecar".

Claro, usted y yo sabemos que ni los restaurantes ni las siestas *nos hacen* pecar, sino que *decidimos* pecar. Sin embargo, quiero decir que en esta batalla contra el pecado debemos estar resueltos y proponernos evitar todo lo que pueda alimentar el apetito por cometerlo o que constituya una ocasión para pecar. Hablo de quitar todo lo que entorpezca su sensibilidad espiritual o su amor por la santidad.

LA MUERTE TRAE VIDA

A primera vista, la mortificación puede parecer una tarea difícil y desagradable. A veces disfrutamos demasiado nuestro pecado para querer abandonarlo. Pensamos que seremos infelices si renunciamos a él. Sin embargo, la verdad es que esos deseos y actos carnales a los que nos aferramos *impiden* que disfrutemos la vida para la cual fuimos creados. Nos harán vivir en esclavitud y miseria, como el niño mendigo de la historia de Patricia St. John que deambulaba desdichado en la calle oscura y lodosa, aferrado a los huevos robados.

En la historia, más adelante Hamid tropieza y cae en la oscuridad, se lastima y golpea las rodillas y rompe los huevos. Cuando la enfermera lo alumbra con su antorcha, está cubierto de barro, sangre y yema de huevo. Él rompe en llanto, aterrorizado de pensar lo que ella podría hacer después de descubrir el robo. ¿Llamaría a la policía, lo mandaría azotar o encarcelar? Él sabía que había perdido el derecho a toda bondad de parte de ella y estaba seguro de que nunca le permitirían volver a disfrutar la luz y el calor de su hogar. Sin embargo, para su asombro, la enfermera lo levantó y lo llevó de regreso a su casa, donde lo limpió de pies a cabeza, curó sus heridas y cambió sus harapos por ropa nueva y limpia. Le declaró su perdón y le explicó su necesidad de ser perdonado por el Señor y de andar en su luz.

Hamid miró su ropa limpia y sus vendas inmaculadas y comprendió. Los huevos que a sus ojos habían sido tan valiosos ya no estaban pero ya no los quería. Había sido perdonado, lavado y limpiado. Lo habían traído de

89

regreso al refugio tibio y tranquilo que era el hogar de la enfermera.

Volvieron a salir a la oscuridad para buscar la casa de Abd–el–Khader pero todo era completamente diferente ahora. Ahora caminaría bajo el abrigo tibio de la enfermera y a su lado, resguardado de la lluvia. No caería y no tendría miedo de la luz, porque ya no tenía nada qué ocultar. Caminaría guiado por su brillante y serena llama. Sería una dicha.[4]

Solo hasta que mortificamos, o hacemos morir nuestra carne pecadora podemos experimentar la libertad, el perdón y la plenitud que tanto anhela nuestro corazón. Después que somos limpiados y hemos experimentado el gozo y la satisfacción de su misericordia y de su gracia, descubriremos que ya no nos interesan las cosas que antes ansiábamos y sin las cuales nos parecía imposible vivir.

NOTAS

1. John Owen, *Of the Mortification of Sin in Believers, in The Works of John Owen* [Sobre la mortificación del pecado en el creyente, en Las obras de John Owen] (Edinburgh: Banner of Truth Trust, 199rept.), 6:9.
2. Patricia St. John, *Star of Light* [Estrella de luz] (Chicago: Moody, 2002), 113–14.
3. Kenneth S. Wuest, *Wuest's Word Studies from the Greek New Testament: For the English Reader* [Estudios de Wuest sobre palabras griegas del Nuevo Testamento, para lectores de habla inglesa], vol. 2, Hebreos 12:14 (Grand Rapids: Eerdmans, 1973).
4. St. John, *Star of Light* [Estrella de luz], 116–17.

CAPÍTULO 6

EL CAMINO A LA SANTIDAD:
VESTIRSE: DECIRLE "SÍ" A LA GRACIA

*Santidad es más que barrer
los escombros del pecado. Es la vida de Jesús
que crece en nosotros.*

LILIAS TROTTER[1]

Hace poco, una familia de mi comunidad empezó a padecer graves problemas respiratorios. Después de investigar, se descubrió que la enfermedad era causada por un moho negro y tóxico que se había propagado por la casa. Eliminar la sustancia tóxica suponía un trabajo largo y arduo. Con el tiempo, el problema se agravó a tal punto que no podía solucionarse con una simple limpieza, ni siquiera con una remodelación. Existía una sola forma de combatir la contaminación. Tuvieron que derribar la casa por completo, parte por parte, ladrillo por ladrillo, hasta los cimientos. En lugar de ella edificaron una casa completamente nueva, libre de moho.

Prácticamente todo lo que había en la casa original tuvo que destruirse. Los propietarios no querían arriesgarse a traer el más mínimo rastro de moho a la nueva casa.

El pecado es un veneno que contamina hasta la médula del alma humana. Cuando Dios nos salvó, lo hizo con el propósito de limpiarnos de todo vestigio de pecado. Y lo hace durante toda nuestra vida mediante el proceso de santificación.

Como hemos visto, ese proceso de búsqueda de la santidad exige algo mucho más radical que una simple reforma o remodelación. Requiere que hagamos morir, mortifiquemos, o "quitemos" la "casa vieja", que son los actos y deseos viciados de nuestra carne.

Sin embargo, eso es solo el principio. Dios, el perito arquitecto y constructor, ha trazado planes para reconstruir vidas nuevas y santas si nos "vestimos" del Señor Jesús y de su justicia. Despojarnos de lo malo sin vestirnos de lo bueno es como demoler una casa inservible y pensar que la obra está terminada antes de siquiera empezar la reconstrucción. Para ser santos no basta con despojarnos de hábitos pecaminosos. Debemos también vestirnos de justicia. Por ejemplo, Colosenses 3 nos exhorta a "hacer morir" los apetitos, actitudes y acciones impías (esto es, inmoralidad sexual, avaricia, ira, calumnia, lenguaje obsceno y mentira, vv. 5–9). La casa vieja y contaminada debe ser destruida. En su lugar, Dios quiere construir una nueva "revistiéndonos" de las cualidades que vemos en Cristo (compasión, bondad, humildad, amabilidad, paciencia, perdón, amor, paz y gratitud, vv. 12–17).

> EL PECADO ES UN VENENO QUE CONTAMINA HASTA LA MÉDULA DEL ALMA HUMANA.

Ni el proceso de despojarnos del pecado, ni el de revestirnos del corazón de Cristo sucede por casualidad. Debemos proponernos cultivar nuevos hábitos de rectitud.

Esto solo es posible mediante el poder del Espíritu Santo y la gracia de Dios. Él ofrece su multiforme gracia para ayudarnos en el proceso de vestirnos de santidad.

Estas actividades y provisiones no son un fin en sí mismas, sino medios que nos acercan a Dios para recibir y experimentar su gracia transformadora en nuestra vida.

Quiero subrayar seis "canales de la gracia" que han sido determinantes en mi proceso personal de santificación y transformación espiritual.

LA PALABRA

La Palabra de Dios es uno de los agentes de santificación más esenciales en la vida del creyente. Jesús oró: "Santifícalos en tu verdad; tu palabra es la verdad" (Jn. 17:17).

La Palabra de Dios tiene el poder para protegernos de pecar y purificarnos cuando caemos en pecado. David comprendió la necesidad y el valor de las Escrituras en su búsqueda de la piedad.

> *¿Cómo puede el joven llevar una vida íntegra? Viviendo conforme a tu palabra. En mi corazón atesoro tus dichos para no pecar contra ti.*
>
> —Salmo 119:9, 11

Cuando leo las Escrituras, muchas veces le pido al Señor que me limpie con su Palabra (Ef. 5:26), que use las Escrituras para purificar mi mente, mis deseos y mi voluntad.

Además de tener poder para limpiarnos, la Palabra tiene la capacidad de renovar nuestra mente, de transformarnos en la imagen de Cristo y de infundirnos sus misericordias. Cuando el apóstol Pablo se despidió de los líderes de la iglesia de Éfeso, los encomienda "a Dios y *al mensaje de su gracia,* mensaje que tienen poder para edificarlos y darles herencia entre todos los santificados" (Hch. 20:32).

> SU PROGRESO EN LA SANTIDAD SERÁ EQUIVALENTE A SU RELACIÓN CON LA PALABRA DE DIOS.

Leer, estudiar, memorizar y meditar en las Escrituras, son disciplinas que controlan las malezas y abonan el terreno de mi corazón, para guardarlo y limpiarlo de pecado y para crecer en la gracia.

Ningún creyente puede soportar el ataque de la tentación y la invasión del mundo sin alimentarse a diario de la Palabra de Dios. (Tampoco podemos alimentarnos con lecturas y entretenimientos impíos y pretender tener un corazón limpio y crecimiento espiritual.) Tome nota: Su progreso en la santidad será equivalente a su relación con la Palabra de Dios.

CONFESIÓN

Pese a que no escuchamos mucho acerca de esta provisión de la gracia en la mayoría de nuestras iglesias, la confesión humilde y sincera de nuestro pecado a Dios y al prójimo constituye un ingrediente esencial para todo el que desee llevar una vida santa.

No podemos pecar y seguir tranquilos, sin que se atrofie nuestro crecimiento espiritual. De hecho, las Escrituras dicen con toda claridad:

> *Quien encubre su pecado jamás prospera; quien lo confiesa y lo deja, halla perdón.*
>
> —Proverbios 28:13

Tal vez consintamos el pecado inconscientemente pero solo si decidimos confesarlo experimentaremos bendición espiritual.

A raíz de su dolorosa experiencia personal, David aprendió lo que es vivir bajo el peso del pecado no confesado, una carga que incluso afectó su salud física y su bienestar emocional.

> *Mientras guardé silencio* [sobre el pecado], *mis huesos se fueron consumiendo por mi gemir todo el día. Mi fuerza se fue debilitando como al calor del verano, porque día y noche tu mano pesaba sobre mí.*
>
> —Salmo 32:3–4

Solo cuando estuvo dispuesto a exponer su vida y sacar a la luz su pecado, David experimentó el gozo y la libertad de ser perdonado y estar limpio otra vez.

*Pero te confesé mi pecado, y no te oculté mi maldad. Me dije:
"Voy a confesar mis transgresiones al Señor", y tú perdonaste
mi maldad y mi pecado.*

—Salmo 32:5

Muchos cristianos están agobiados por la pesada carga de una consciencia culpable y de las consecuencias espirituales, físicas, mentales y emocionales, todo porque no confiesan a diario su pecado a Dios.

La confesión bíblica es ante todo vertical, hacia Dios. Sin embargo, también tiene una dimensión horizontal. Cuando nuestro pecado afecta a otros, además de confesarlo a Dios, debemos también reconocer nuestras faltas y, si es posible, restituir el daño que hemos causado.

Además, confesar nuestro pecado a otros creyentes demuestra una humildad que puede ser un canal poderoso para recibir la gracia de Dios: "confiésense unos a otros sus pecados, y oren unos por otros, para que sean sanados" (Stg. 5:16).

> CONFESAR NUESTRO PECADO A OTROS CREYENTES PUEDE SER UN MEDIO PODEROSO PARA RECIBIR LA GRACIA DE DIOS.

Una pareja me contó hace poco que uno de los factores claves para luchar con hábitos pecaminosos en sus vidas ha sido aprender a humillarse y andar en la luz mediante la confesión de sus luchas, fracasos y necesidades espirituales, no solo a Dios sino el uno al otro.

Qué maravillosa gracia ha dispuesto Dios para que apliquemos la sangre de Jesús que limpia nuestra conciencia contaminada y seamos santificados por medio de la confesión.

LA CENA DEL SEÑOR

La cena del Señor es (o debería ser) una de las prácticas más vitales y sagradas (de ahí el nombre de *sacramento*, conocido

97

por algunos) en la vida de la iglesia y de cada creyente. Su propósito es rememorar y proclamar como congregación la muerte del Señor, que debemos celebrar "hasta que él venga" (1 Co. 11:26).

Las Escrituras nos previenen acerca de participar del pan y la copa "de manera indigna", y quienes lo hacen son "culpables de pecar contra el cuerpo y la sangre del Señor" (v. 27). A fin de evitar una ofensa tan grave, nos advierten: "cada uno debe examinarse a sí mismo [primero]" (v. 28). Las consecuencias de no hacerlo pueden ser graves, e incluso mortales: "Por eso hay entre ustedes muchos débiles y enfermos, e incluso varios han muerto" (v. 30).

No puedo evitar preguntarme cuántas de las debilidades y enfermedades que experimentan los creyentes son el resultado directo de la disciplina de Dios. Más preocupante aún es pensar cuántas personas han acortado sus días porque sus corazones no fueron puros delante de Dios. Solo Dios lo sabe.

El punto es que la comunión debería ser una oportunidad y un poderoso incentivo para hacer con regularidad un examen de conciencia y asegurarse de que esté limpia ante Dios y los demás, así como para "examinarnos a nosotros mismos" para que el Señor no nos discipline (vv. 29–32).

La observancia de la cena del Señor ha sido muchas veces el momento propicio para la introspección, la confesión y la limpieza tan necesarias en mi propia vida. Recuerdo que hace unos años llegué a la iglesia el domingo por la mañana y descubrí que celebraríamos la Santa Cena en el culto. Al sentarme, el Señor trajo a mi mente algo sucedido meses atrás y que tenía que ver con un anciano de la iglesia. Yo había manejado un "asunto pequeño" de manera tal que podría haber herido fácilmente el espíritu de aquel anciano. Nunca habíamos hablado al respecto pero desde entonces me sentía incómoda cada vez que nos encontrábamos.

Cuando empezamos a entonar los primeros himnos antes de la Santa Cena, sabía que antes de poder participar de esta ordenanza tan sagrada, tenía que limpiar mi conciencia delante de aquel hermano. Me levanté de mi silla, atravesé la iglesia para llegar a donde él se encontraba y me incliné a su lado. Le manifesté la pena que sentía por lo que había hecho y también mi deseo de restaurar mi relación con él. Él me perdonó sin reparos y yo quedé libre para participar de la cena del Señor sin barreras entre mi Señor, los demás creyentes que estaban presentes y yo.

EL CUERPO DE CRISTO

Como mujer que conoce sus limitaciones físicas, sería insensato para mí salir y andar sola, tarde en la noche, en un lugar peligroso de la ciudad. Sin embargo, la situación sería completamente diferente si saliera acompañada por varios hombres fuertes que me cuidaran y estuvieran listos para protegerme. Como cristianos, Dios no nos ha dejado solos en nuestra lucha contra el pecado. En su gracia nos ha puesto en un cuerpo de creyentes que estamos llamados a cuidarnos mutuamente y resistir juntos a los enemigos de nuestra santidad. Esta familia, el Cuerpo de Cristo, es un recurso vital que Dios ha dispuesto para ayudarnos en nuestra búsqueda de la santidad.

Por eso es indispensable que todo creyente goce de una relación comprometida con una iglesia local cristocéntrica. A muchos creyentes de hoy les parece normal saltar de una iglesia a otra cada vez que encuentran algo que les desagrada. De hecho, un creciente número de cristianos considera innecesario vincularse a una iglesia local. Algunos se decepcionan por sus experiencias con las iglesias locales. Creen que pueden llevar una relación independiente con Dios, o que sus necesidades espirituales pueden ser satisfechas con solo conectarse a la Internet.

Estar desvinculado de la iglesia local, por el motivo que sea, es un modo de vida riesgoso. Estos "llaneros solitarios" no solo pierden las bendiciones de participar del cuerpo de Cristo, sino que como ovejas solitarias lejos de la seguridad del rebaño y del cuidado vigilante del pastor, son susceptibles al ataque de toda clase de predadores.

> NINGÚN CREYENTE PUEDE DARSE EL LUJO DE VIVIR SIN RENDIR CONSTANTEMENTE CUENTAS A OTROS CREYENTES.

Todos somos responsables ante Dios por nuestra propia santidad. Al mismo tiempo, Dios nunca planeó que batalláramos solos contra el pecado. Con frecuencia le pido a mi círculo íntimo de amigos cristianos que oren o me pidan cuentas sobre algunos aspectos de mi vida en los cuales sé que soy susceptible a la tentación o el pecado. ¿Es una señal de debilidad? ¡Si, lo es! Lo cierto es que sí *soy* débil. Y usted también lo es. Yo necesito al cuerpo de Cristo que es la iglesia. Y usted también. ¿Es a veces difícil reconocer mi necesidad y pedir ayuda? ¡Claro que sí! Para hacerlo debo humillarme y admitir que no me las sé todas.

El orgullo mismo que le impide quitarse la máscara y ser una persona sincera es lo que lo lleva a caer en pecado.

Humillarse, al dejar que otros sepan de su vida y permitirles que lo ayuden y le pidan cuentas, liberará la gracia santificadora y transformadora de Dios en usted.

Asimismo, somos responsables de hacerlo con otros y ayudar a nuestros hermanos y hermanas en la fe. No podemos quedarnos indiferentes cuando vemos que otros creyentes están atrapados en prácticas pecaminosas. Las Escrituras nos exigen actuar siendo instrumentos de gracia en sus vidas, animarlos y ayudarlos en su búsqueda de la santidad.

Hermanos, si alguien es sorprendido en pecado, ustedes que son espirituales deben restaurarlo con una actitud humilde.

—Gálatas 6:1

Esta clase de exhortación y ánimo de los unos hacia los otros debe ser una costumbre *diaria*. ¿Por qué? Porque *en menos de un día* nuestro corazón puede endurecerse o ser engañado por el pecado (He. 3:13). Puede pasarme a mí y puede pasarle a usted. Ningún creyente es inmune al engaño del pecado. Ningún creyente puede darse el lujo de vivir sin rendir constantemente cuentas a otros creyentes.

DISCIPLINA ECLESIAL

Este canal de la gracia es en realidad una función del "Cuerpo de Cristo". Sin embargo, las Escrituras hablan tanto del efecto restaurador y purificador del pecado que se enfrenta colectivamente, que merece un tratamiento particular.

Siempre que un creyente rehúsa enfrentar su pecado en privado, este se convierte en un asunto público que precisa la participación y la intervención de otros en el cuerpo.

Uno de los casos más representativos de esto en el Nuevo Testamento se encuentra en 1 Corintios 5, donde Pablo instruye a la iglesia acerca de cómo tratar a uno de sus miembros que ha cometido inmoralidad y no muestra arrepentimiento. De manera pública, la iglesia debía cortar toda comunión e interacción con este hombre y entregarlo "a Satanás para destrucción de su naturaleza pecaminosa" (v. 5).

Al ser excluido de la comunión con otros creyentes, el hombre fue despojado simbólicamente de la protección de Dios y dejado a merced de Satanás, quien en sentido literal podría quitarle la vida.

El apóstol Pablo explicó que esas medidas extremas eran por el bien del hombre mismo ("a fin de que su espíritu sea salvo en el día del Señor", v. 5). Además, era absolutamente necesario evitar que la impureza se propagara como gangrena en toda la iglesia: "¿No se dan cuenta de que un poco de levadura hace fermentar toda la masa?" (v. 6).

Este pasaje describe el paso más extremo de disciplina eclesial, que solo se toma después de haber intentado otras vías y que éstas se hayan agotado y fracasado.

> NUESTRO PADRE CELESTIAL NOS AMA Y NOS DISCIPLINA PARA LIMPIARNOS DEL PECADO.

Mateo 18 explica en mayor detalle este proceso, donde al ofensor se le insta una y otra vez y se le da la oportunidad de arrepentirse. Desde esta perspectiva, la disciplina eclesial es una "misericordia severa". Es una gracia, no solo para el ofensor, sino también para el cuerpo de creyentes.

Hace poco asistí a una iglesia que se disponía a aplicar las últimas medidas de disciplina eclesial a dos miembros de la congregación. Mientras se trataba la situación desde el púlpito aquel domingo, recordé la gravedad y las consecuencias del pecado. Sentí un renovado temor de Dios y anhelo por guardar mi corazón del pecado y por santificarme ante Él.

La disposición de esa iglesia de aplicar la disciplina bíblica a los miembros que no se arrepienten tuvo un efecto santificador en mi vida y en toda la congregación.

El hecho de que tan pocas iglesias practiquen hoy la disciplina eclesial ha hecho que la inmoralidad y la impiedad prosperen al interior de la mayoría de nuestras iglesias. Cuánto necesitamos restablecer estos medios que usa Dios para manifestar su gracia, por nosotros mismos, por los creyentes que han caído y por la pureza de todo el cuerpo de Cristo.

SUFRIMIENTO

Nadie quiere inscribirse en la escuela del sufrimiento. Sin embargo, el sufrimiento puede ser un poderoso instrumento para crecer en santidad. De hecho, el camino a la santidad también implica sufrimiento. No hay excepciones, ni atajos.

Cuando nuestra vida es como un camino de rosas sin espinas y un día soleado sin nubes, tendemos a descuidar el examen profundo y la confesión personales y a ser complacientes. A su manera, la aflicción logra despojarnos de nuestro egoísmo y mundanalidad pertinaces y del pecado que se acumula en la vida cotidiana.

El salmista experimentó esta clase de efecto santificador del sufrimiento en su vida:

Antes de sufrir anduve descarriado,
pero ahora obedezco tu palabra.

—Salmo 119:67

Nuestro sufrimiento puede ser la respuesta de nuestro amoroso Padre celestial a nuestro pecado, que se denomina *disciplina* (He. 12:5–11). El sufrimiento también puede venir en forma de *poda*, cuando Dios corta nuestras "ramas" innecesarias o improductivas para que podamos dar más fruto (Jn. 15:2). Tal vez debamos soportar sufrimiento por causa del evangelio o por el bien de otros (2 Co. 1:6; 4:11–15). O quizá nuestros sufrimientos se deban al simple hecho de que vivimos en un mundo caído que aguarda la liberación final de la maldición del pecado (Ro. 8:18–23).

Sin importar su causa, la aflicción es un don de gracia de la mano de nuestro Padre celestial que nos ama y nos disciplina para que nos limpiemos del pecado y nos santifiquemos. "Dios lo hace [nos disciplina] para nuestro bien, *a fin de que participemos de su santidad*" (He. 12:10).

En la primera carta de Pedro, el Señor Jesús es presentado como un ejemplo de sumisión y mansedumbre ante el sufrimiento, de manera que nosotros pudiéramos ser librados del pecado. El cuarto capítulo empieza con una exhortación que resalta un poderoso principio acerca del efecto santificador del sufrimiento en la vida del creyente.

> *Por tanto, ya que Cristo sufrió en el cuerpo, asuman también ustedes la misma actitud*; porque el que ha sufrido en el cuerpo ha roto con el pecado.
> —1 Pedro 4:1 (cursivas añadidas)

Pedro insta a los creyentes a imitar la actitud sumisa que manifestó Cristo cuando la voluntad de Dios exigió de su parte sufrimiento. Cuando sufran, dice el apóstol, serán liberados del poder del pecado.

EXAMEN PERSONAL

¿Qué hace usted para cultivar un corazón hambriento de santidad y para vestirse del carácter de Cristo? El siguiente ejercicio le ayudará a determinar cuál medio de la gracia de los que hemos estudiado en este capítulo emplea usted en su búsqueda de la santidad y cuáles ha pasado por alto.

Lea estas preguntas con detenimiento, dedique tiempo a responderlas a conciencia y en oración y por qué no, anote sus respuestas. Si en realidad quiere ir más allá, coméntele sus respuestas a su cónyuge o a algún amigo cercano del mismo sexo que pueda pedirle cuentas de una búsqueda más vehemente de la santidad.

1. LA PALABRA

* ¿Se alimenta usted constantemente y lo suficiente de la Palabra?

* ¿Cómo lo ha protegido la Palabra de pecar el mes pasado?

* ¿En qué pasaje(s) de las Escrituras meditó la semana pasada?

✳ ¿Se nutre más de fuentes mundanas o de la Palabra de Dios?

2. CONFESIÓN

✳ ¿Cuándo fue la última vez que de manera consciente confesó su pecado a Dios?

✳ ¿Ha cometido algún pecado que no le haya confesado a Dios?

✳ ¿Ha pecado contra alguien y necesita confesar su ofensa y pedir perdón?

✳ ¿Hay algún pecado que deba confesar a otros creyentes para humillarse y que puedan así orar por usted?

3. COMUNIÓN

✳ ¿Participa de la Cena del Señor como algo rutinario? ¿Es usted consciente de la seriedad de esta ordenanza?

✳ Antes de participar en la Cena del Señor ¿examina su corazón para reconocer pecados no confesados?

✳ ¿Ha participado de la cena del Señor "indignamente"?

4. EL CUERPO DE CRISTO

✳ ¿Es usted un miembro comprometido y fiel de una iglesia local?

✳ ¿Cuándo fue la última vez que le pidió a otro creyente que orara por usted con respecto a un pecado o tentación específicos en su vida?

✳ ¿A quién le rinde cuentas de su vida espiritual en cuanto a su pureza personal y moral?

* ¿Recibe continua exhortación de otros creyentes acerca de su vida espiritual?

* ¿Conoce a otro creyente que esté atrapado en algún hábito pecaminoso y que necesite restauración espiritual?

* ¿Qué participación pide Dios de usted en ese proceso?

5. DISCIPLINA ECLESIAL

* ¿Está bajo la autoridad espiritual de una iglesia local?

* ¿El liderazgo espiritual de su iglesia sabe que usted está dispuesto a rendir cuentas de su santidad?

* ¿Sienten ellos la libertad de confrontarlo frente a algún acto sospechoso o pecaminoso en su vida?

* ¿Hace usted algo que, de saberlo su iglesia, sería motivo para iniciar un proceso de disciplina?

* ¿Conoce a otro creyente cuyo pecado usted ha justificado o encubierto, en lugar de haberlo confrontado o haberle permitido a otros que lo hagan según fuera necesario?

6. SUFRIMIENTO

* ¿Ha usado Dios el sufrimiento como un instrumento de santificación en su vida?

* ¿Existe algún sufrimiento que usted resiste en lugar de aceptar?

* ¿En algún aspecto de su vida experimenta usted ahora el castigo de Dios por su pecado? ¿Cómo ha respondido a la disciplina de Dios?

RESUMEN

✻ Anote uno o dos medios de la gracia que usted debe tener más presente en su búsqueda de la santidad.

✻ Anote una o dos acciones que emprenderá para permitirle a Dios usar estos medios con mayor alcance en su vida.

✻ Comente su respuesta con otro creyente que lo anime a ser fiel a su compromiso.

NOTA

1. Citado en *Draper's Book of Quotations for the Christian World* [Libro de Draper de citas para la cristiandad], ed. Edythe Draper (Wheaton, Ill.: Tyndale, 1992), nos. 5748, 312.

LA ESENCIA DE LA SANTIDAD

Nuestra vida debe ser tal
que cualquier vistazo a nuestra intimidad
ningún reproche pueda suscitar.

C. H. SPURGEON[1]

Una familia que conozco ha tratado de vender su casa desde hace más de un año. Viven muy ocupados y son muy activos y en este momento viven con seis niños. A veces pasan semanas sin que alguien quiera ver la casa. Luego, de manera intempestiva, el agente inmobiliario llama y dice: "¿Podemos mostrar la casa dentro de media hora?" ¡Imagínese el trajín que significa tener la casa presentable!

En esos momentos de afán, mis amigos se han vuelto expertos en transformar, en tiempo récord, una casa habitada con el desorden normal en un lugar encantador. La mamá se ríe al explicar cómo aprendió a esconder la ropa, los platos sucios, y otros elementos del hogar en lugares fuera de la vista de los compradores potenciales, como la secadora… y la parte trasera del auto en el garaje.

Para cuando el agente inmobiliario llega, no aparece la familia por ninguna parte y la casa está en perfecto orden, al menos en apariencia. ¡Con la esperanza de que a nadie se le ocurra mirar de cerca!

¿Cómo se sentiría usted si sonara el timbre en este preciso momento y al abrir la puerta descubriera que unos parientes lejanos llegan de visita sorpresa, planean quedarse una semana y están ansiosos por conocer toda la casa? ¿Tendría que bregar para evitar la vergüenza?

Si usted es como yo, tal vez tenga algunos armarios y cajones que quiera ocultar. A menos que haya terminado una limpieza profunda hace poco, es muy probable que prefiera que sus huéspedes no miren lo bastante cerca como para ver el polvo acumulado, los vidrios rayados, o las telarañas en los rincones.

> ¿LO QUE HAY POR FUERA ES LO MISMO QUE HAY POR DENTRO?

Como cristianos, estamos llamados a mantener vidas que otros puedan "visitar" en cualquier momento, sin vergüenza. Un compromiso con la santidad significa tener una vida que está siempre "dispuesta a recibir visitas" y abierta a cualquier examen, una vida que pueda soportar el escrutinio, tanto en las cosas evidentes como en lo oculto, donde casi nadie miraría.

IGUAL POR DENTRO Y POR FUERA

La mayoría de los cristianos sabe cómo hacer un ajuste rápido en sus vidas, siempre que alguien se acerca para echar un vistazo. Han aprendido a guardar una apariencia de santidad. Saben cómo parecer y actuar "bien" cuando asisten a la iglesia y quieren dar una buena impresión ante un amigo. Pero esta es la verdadera prueba: ¿Qué descubrirían otros si echaran de cerca un vistazo a su vida? ¿Qué descubrirían si empezaran a abrir los armarios y los cajones de su vida?

Este es uno de los asuntos primordiales que trató Jesús con los fariseos de su época. Ellos se dedicaban a guardar las apariencias, al tiempo que se contentaban con vivir y pasar por alto la inmundicia subyacente, lo que importaba realmente. El problema no era su comportamiento exterior, pues sus ansias de recibir alabanza de los hombres los convirtió en actores profesionales.

Sin embargo, Jesús podía ver lo que aquellos a quienes deseaban impresionar eran incapaces de ver: Sus corazones.

Y allí estaba el problema.

Jesús no dijo que lo externo fuera irrelevante, sino que es inútil presentar una imagen pulcra e inmaculada si ésta oculta la escoria. Esa clase de hipocresía suscitaba en el Señor una respuesta bastante severa.

> *¡Ay de ustedes, maestros de la ley y fariseos, hipócritas!, que son como sepulcros blanqueados. Por fuera lucen hermosos pero por dentro están llenos de huesos de muertos y de podredumbre. Así también ustedes, por fuera dan la impresión de ser justos pero por dentro están llenos de hipocresía y maldad.*
>
> —Mateo 23:27–28

¡Con razón hoy día nadie quiere que lo llamen "fariseo"! Sin embargo, al igual que los fariseos, nosotros tenemos una asombrosa capacidad para sentirnos bien con nosotros mismos porque no cometemos cierta clase de pecados, mientras pasamos por alto la suciedad interna de nuestro corazón. Si no hemos cometido adulterio físico... hemos abrigado pensamientos lujuriosos con el cónyuge de alguien. No cometemos actos de violencia física... pero albergamos odio contra quienes nos han agraviado y mental o emocionalmente los asesinamos o alejamos.

¿La descripción que hizo Jesús de los fariseos se parece en algo a su vida?

* ¿Hay hipocresía en su vida? ¿Lo que hay por fuera es lo mismo que hay por dentro? ¿Por fuera parece piadoso mientras en su interior alberga actitudes, pensamientos y valores malvados?

* ¿Le preocupa tanto la realidad interna de su vida, lo que solo Dios puede ver, o la imagen que proyecta ante los demás?

✳ Si las personas pudieran ver sus pensamientos y deseos, ¿concluirían que usted es una persona santa?

EXAMEN PERSONAL

Los autores del Nuevo Testamento exhortan a los creyentes a reconocer su posición en Cristo: Justificados, redimidos, elegidos por Dios, apartados para sus propósitos. Por consiguiente, estamos llamados a tener una vida, por dentro y por fuera, que armonice con nuestra posición. Lo que resta de este capítulo está diseñado para leerse de una manera diferente. Quisiera animarlo a incluir este aparte en su devocionario personal durante los días que siguen. Dedique tiempo a estudiar cada uno de los pasajes de las epístolas de Pablo que describen algún aspecto de lo que significa llevar una vida santa. Luego, en oración, medite en las preguntas de aplicación.

Al igual que con las preguntas de los capítulos anteriores, considere la posibilidad de anotar sus respuestas en un cuaderno. Luego, reúnase con uno o más creyentes para hablar acerca de lo que Dios les ha revelado acerca de la condición de su corazón y su andar con Él.

Vístase del nuevo hombre (Ef. 4:17–24)

✳ ¿Es usted una nueva criatura en Cristo (2 Co. 5:17)?

✳ ¿Su estilo de vida difiere del de aquellos que no conocen al Señor?

✳ ¿Será posible que usted luche y se esfuerce por ser santo pero le resulta imposible porque nunca se ha reconciliado con Dios por medio de la fe en Cristo?

✳ ¿Tiene un corazón sensible y dócil, o se ha vuelto duro y frío para con Dios?

✳ ¿Siente un anhelo real de ser santo y de agradar a Dios en todo lo que hace?

Diga la verdad (Col. 3:9–10; Ef. 4:25)

* ¿Es usted una persona sincera? (¡Sea sincero!)

* ¿Está engañando en algo a una persona de su familia? ¿De su trabajo? ¿De su iglesia?

* ¿Finge usted ser algo que no es para dar una mejor impresión de lo que es en verdad?

* ¿Le preocupa más lo que otros piensan de usted que lo que Dios sabe que es cierto?

Abandone la ira (Ef. 4:31)

* ¿Abriga ira en su corazón hacia alguien?

* ¿Tiene un temperamento arrebatado? ¿Se sale de sus casillas con facilidad?

* ¿Se irrita fácilmente? ¿Tiende a ser impaciente?

No robe, ¡dé! (Ef. 4:28)

* ¿Ha sustraído cosas que no le pertenecen? ¿Tiene objetos que le han prestado y no ha devuelto?

* ¿Es usted trabajador, o a veces indisciplinado y perezoso en su trabajo? ¿Trabaja todo lo que debe, o su jefe le paga por un trabajo que usted no realiza?

* ¿Es usted honesto al completar los reportes de gastos? ¿De impuestos? ¿Al presentar exámenes y hacer trabajos académicos?

* ¿Le ha robado el afecto al cónyuge de otro? ¿Ha engañado a alguien del sexo opuesto al crear falsas expectativas que usted no puede colmar? ¿Le ha robado a alguien su pureza sexual?

* ¿Es usted sensible a las necesidades de otros y atento para suplirlas de manera práctica?

* ¿Le roba a Dios gastando el dinero que le pertenece a Él?

Cuide su lengua (Ef. 4:29; 5:4)

* ¿Habla palabras que son verdaderas, puras, buenas y amables?
* ¿Salen de su boca palabras profanas, impías o burlonas?
* ¿Murmura de otros? ¿Los calumnia?
* ¿Hace bromas que resultan hirientes?
* ¿Tiene una lengua criticona so pretexto de ayudar a otros?
* ¿Usa palabras vanas o dañinas?
* ¿Sus palabras alientan y edifican a otros?
* ¿Sus palabras transmiten gracia a quienes las escuchan?
* ¿Manifiesta gratitud a Dios y a otros de manera verbal?

Sea sensible al Espíritu (Ef. 4:30)

* ¿Es usted sensible a las cosas que agravian al Espíritu Santo, o puede pecar sin sentir dolor alguno por ello?
* ¿Hay algo en sus actitudes o en su comportamiento que no agrade al Señor y usted es consciente de eso?
* ¿Obedece con prontitud las exhortaciones que le hace el Espíritu por medio de su Palabra y en su corazón?
* ¿Responde con prontitud a la convicción del Espíritu de Dios cuando peca?

Revístase de perdón y amor (Col. 3:12–13)

* ¿Abriga alguna antipatía o amargura hacia alguien en su corazón?

* ¿Hay alguien que lo haya agraviado y a quien no haya perdonado de corazón?

* ¿Su vida se caracteriza por el amor?

Deje que la paz gobierne (Col. 3:15)

* ¿La paz de Cristo controla su vida, o acostumbra inquietarse y preocuparse por circunstancias que están fuera de su control?

* ¿Confía en que la sabiduría y el amor soberano de Dios dirigen sus pasos?

Que la Palabra more en abundancia en su corazón (Col. 3:16–17)

* ¿Busca llenar su mente y corazón de la Palabra de Dios?

* ¿Sus conversaciones con otros creyentes se centran en la Palabra y los designios de Dios?

* ¿Vive para la gloria del Señor Jesús y en su nombre?

* ¿Es usted una persona agradecida? ¿Manifiesta con frecuencia su gratitud a Dios y a otros?

Acepte gustoso el papel familiar que Dios le ha designado (Col. 3:18–21)

* ¿Sus relaciones familiares están en orden según el plan que Dios ha revelado en su Palabra?

* Esposas: ¿Se somete a la autoridad y liderazgo de su esposo? ¿Muestra reverencia y respeto en su actitud hacia él y en la forma como habla de él ante los demás?

* Esposos: ¿Ama a su esposa con entrega y abnegación como Cristo ama a su iglesia? ¿La trata con bondad y consideración?

* Hijos e hijas: ¿Son obedientes a la autoridad de sus padres?
* Padres: ¿Instruyen a sus hijos en el amor al Señor?
* Padres: ¿Guían la vida espiritual de sus hijos de forma tal que los anima y motiva a seguir a Cristo?

Santidad en el lugar de trabajo (Col. 3:22–23; 4:1)

* En su trabajo (dentro o fuera de su casa), ¿trabaja como para el Señor?
* ¿Es diligente en su trabajo? ¿Cumple con lo que se le asigna?
* ¿Por qué hace lo que hace? ¿Esconde un deseo de fama, reconocimiento y alabanza de parte de los hombres? ¿Trata de impresionar a su jefe y a sus colegas, o procura en verdad agradar al Señor?
* ¿Trata a sus empleados de manera justa?
* ¿Trata a quienes sirve, y a quienes lo sirven, como Dios lo trata a usted?

Demuestre un carácter piadoso (Ef. 5:1)

* ¿Hay algo en su vida que no tenga un "parecido familiar" con Dios?
* ¿Si otros imitaran algún hábito o costumbre suya, se apartarían de Dios?
* ¿Su conducta es irreprochable e intachable en cada aspecto de su vida, no por la medida del mundo sino por la de la Palabra y la santidad de Dios?

Sea puro (Ef. 5:3)

* ¿Vive usted en pureza y libertad moral?
* ¿Su vida mental es pura?

* ¿Guarda su corazón y sus ojos de influencias que pudieran incitarlo a cometer pecados morales?

* ¿Es prudente y casto en sus relaciones con el sexo opuesto?

* ¿Fantasea en secreto con una relación ilícita?

* ¿Qué lee, mira y escucha cuando está solo? ¿Es todo puro, amable y santo?

* ¿Oculta algún secreto o hábito inmoral?

Aléjese de cualquier obra de la oscuridad (Ef. 5:8, 11)

* ¿Siente la inclinación hacia actividades que sabe que son pecaminosas?

* ¿Disfruta hablar con otros (o incluso reírse) sobre cosas vergonzosas?

* ¿Su vida contrasta con las tinieblas del mundo que lo rodean y acerca a las personas a la luz de Dios?

Viva en la luz (Ef. 5:8–10)

* ¿Está decidido a conocer y hacer lo que le agrada al Señor?

* ¿Hay algún aspecto de su vida que no soporte el escrutinio de la santa luz de Dios? ¿Alguno en el cual no ande como hijo de luz?

* ¿Su estilo de vida lo identifica como hijo de Dios?

NOTA

1. C. H. Spurgeon, *Twelve Sermons on Holiness* [Doce sermones sobre la santidad] (Swengel, Pa.: Reiner Publications, s.f.); "Holiness, the Law of God's House" ["Santidad, la ley de la casa de Dios"], 71.

LA PASIÓN POR LA SANTIDAD

*La santidad total debe ser
la marca de la iglesia de Dios…
Quiera Él que de nosotros
nada malo puedan decir
salvo que mientan.*

C. H. SPURGEON[1]

Durante más de veinte años, el pueblo de Rumania sufrió bajo el gobierno tiránico y comunista de Nicolae Ceausescu, uno de los dictadores más opresores y corruptos del siglo XX. Los cristianos constituían un blanco de ataque especial para el régimen y eran objeto de fuerte intimidación y constante persecución. Los creyentes evangélicos sufrían escarnio y se burlaban de ellos llamándolos: "penitentes". En 1969, el gobierno le revocó la licencia para predicar a un pastor en Timisoara. Después de luchar para encontrar un empleo, el pastor terminó al fin pegando bolsas de papel en supermercados para poder sostener a su familia. Durante cuatro años, mientras desempeñaba esta labor, oró por avivamiento. En 1973 recobró su licencia milagrosamente y lo designaron para servir en la Segunda Iglesia Bautista en Oradea.

Desde el principio, el ministerio allí se centró en la oración. Se animó a los miembros de la iglesia a orar por la salvación de sus amigos, familiares y colegas inconversos. Sin embargo, la carga específica de este pastor no era simplemente los que estaban fuera de la iglesia. Él estaba convencido de que el avivamiento que tanto había anhelado y por el cual había orado tantos años debía empezar en la iglesia. Le explicó a la congregación que los inconversos no eran los únicos que necesitaban arrepentirse. Sin reservas, señaló la necesidad de que los "penitentes" se arrepintieran. Sin detenerse solo en las generalidades, fue al grano y señaló pecados que solían cometer los "penitentes", que él consideraba obstáculos para que la iglesia experimentara un verdadero arrepentimiento.

En nuestra era de ambigüedad moral que defiende el derecho de cada cual de establecer lo que es correcto para sí, a muchos les costaría aceptar la posición que tomó este pastor frente a su iglesia.

Por ejemplo, él confrontó a su congregación con el hecho de robar al gobierno. El gobierno había confiscado y distribuido las granjas y las fábricas y obligaba a las familias a entregar el fruto de su trabajo. Las personas sentían que era justo retener, porque les pertenecía, una parte de lo que producían en "sus propias" granjas y fábricas. El pastor anunció que esto estaba mal y los guió a hacer un compromiso de no "robarle" al gobierno.

Otro asunto tenía que ver con el consumo de bebidas alcohólicas. Oradea es una zona con muchos viñedos y beber era algo cultural, aun para los creyentes. El pastor consideró que beber alcohol conducía a pecar, e instó a los creyentes a tomar un voto de abstinencia total. Muchos creyentes de hoy se incomodarían si se catalogan estas prácticas como "pecado". Aunque puede haber lugar a la discusión, el punto es que los "penitentes" se arrepintieron, empezaron a tomar en serio la santidad, y abandonaron todo lo que en su criterio desagradaba a Dios.

Cuando lo hicieron, Dios envió el avivamiento. Después de seis meses de predicar, orar y arrepentirse, los frutos de la santificación empezaron a verse. Uno de los resultados más notorios fue la conversión de muchos incrédulos. Antes de que el avivamiento empezara, esta iglesia de quinientos miembros bautizaba unos diez creyentes por año. De junio a diciembre de 1974, ¡la iglesia en Oradea bautizó unos doscientos cincuenta conversos! Cerca de cuatrocientos creyentes se bautizaron en los dos años siguientes, en un país donde la profesión de fe pública en Cristo exigía estar dispuesto al martirio.

El avivamiento no pudo detenerse al interior de una sola iglesia. Se extendió por todos sus alrededores, y su efecto se sintió en las iglesias evangélicas de todo el país. Los creyentes avivados se llenaron de valor y empezaron a predicar sin temor.

Muchos creen que este fuego en los corazones del pueblo de Dios fue uno de los factores que desencadenó finalmente la caída del régimen de Ceausescu, quince años después.

> AL MUNDO NO LE IMPRESIONA UNA VERSIÓN RELIGIOSA DE SÍ MISMO.

En muchas de nuestras iglesias nos rompemos la cabeza tratando de parecer "modernizados" para atraer nuevos miembros. No queremos parecer diferentes, extremos, o demasiado espirituales, por temor a ahuyentar a los inconversos. Por el contrario, apenas la iglesia de Oradea estuvo dispuesta a ser diferente del mundo, los mismos incrédulos que alguna vez se mofaron de ellos fueron atraídos sin esfuerzo a Cristo.

Nos hemos amoldado al mundo en lugar de llamar al mundo a amoldarse a Cristo. ¿Cuándo nos daremos cuenta de que al mundo no le impresiona una versión religiosa de sí mismo? Nuestra mayor eficacia no radica en ser como el mundo, sino en ser diferente del mundo, en ser como Jesús.

Es indudable que la falta de avivamiento en el cristianismo de hoy no obedece a la falta de actividades y oportunidades. Tenemos más conciertos cristianos, conferencias, programas, estrategias, eventos en medios de comunicación, libros, casetes, revistas, ministerios de radio y televisión que cualquier otra generación en la historia. De hecho, tenemos más reuniones de oración, actividades y recursos en torno al "despertar espiritual" que nunca antes. Con todo, algo falta.

Recuerdo haber hablado sobre el tema con un ministro que me dijo: "Muchas personas oran y muchas se arrepienten pero muy pocas han cambiado su estilo de vida". Eso me pareció revelador. El hecho es que *si las personas no cambian su estilo de vida, en realidad no se han arrepentido.* Y si no se arrepienten, entonces todas nuestras oraciones, alabanzas, reuniones y actividades son vanas y peor aún, todo el ruido y el activismo pueden engañarnos y hacernos creer que estamos bien y que sí estamos avivados.

TOMEMOS EN SERIO LA SANTIDAD

¿Qué tan importante es la santidad para usted? ¿Qué tanto esfuerzo, meditación y atención consagra a la búsqueda de la santidad? ¿Está decidido a abandonar todo lo que desagrada a Dios y a llevar una vida santa? ¿Su prioridad y objetivo en la vida es ser santo?

¿Qué tan importante es para usted la santidad de sus hijos? ¿Se interesa más por sus calificaciones, sus logros deportivos y su capacidad económica, o por la pureza de su vida y de su corazón? ¿Se ha propuesto instruirlos para que sean piadosos? ¿El pecado de ellos lo hace doblar rodilla? ¿Le ruega a Dios que les conceda a sus hijos un corazón recto y los llama al arrepentimiento?

¿Qué tanto le inquieta la santidad del cuerpo de Cristo? Se duele cuando:

- Los cristianos no se aman ni perdonan,
- hay murmuración y glotonería,
- se interesan más por las posesiones y el placer que por las riquezas espirituales y agradar a Dios,
- deshonran a sus padres y se divorcian,
- solo piensan en ellos mismos y en promover sus intereses personales,

- son pendencieros y contenciosos,

- usan lenguaje obsceno y pornografía,

- pueden pecar tranquilamente y sin vergüenza?

¿Qué pasará el día que los "penitentes" se arrepientan? ¿Qué sucedería si los creyentes fueran sinceros respecto a su pecado y tomaran en serio la santidad? ¿Acaso no experimentaríamos de nuevo la presencia de Dios en nuestras iglesias? ¿Acaso no veríamos el poder sobrenatural de Dios que transforma multitudes de pecadores perdidos por medio de la fe en Cristo?

Así lo dijo C. H. Spurgeon: "El poder del testimonio de una iglesia para Cristo será equiparable a su santidad".[2]

¿Podríamos afirmar con sinceridad que la mayoría de nuestras iglesias tienen un poderoso testimonio para Cristo? Si no, ¿qué revela esto sobre la condición de la iglesia? Y ¿qué tanto nos preocupa todo esto?

¿AGUAS NEGRAS EN LA IGLESIA?

Si por algún problema en las cañerías o los desagües se inundaran con aguas negras los corredores y pasillos de su iglesia, algo es seguro: Nadie ignoraría el problema. Todos se asustarían.

El riesgo que significa para la salud impulsaría una acción inmediata. Las actividades no seguirían su curso normal. Se reubicarían los servicios y, de ser necesario, los obreros trabajarían sin parar hasta solucionar la emergencia.

Lo cierto es que algo muchísimo más grave que un derrame de aguas negras ocurre en la vida de muchos cristianos y en la mayoría de nuestras iglesias. Y en términos generales pasamos por alto el peligro que esto representa.

Las compuertas de impiedad, como el pecado voluntario, flagrante e insolente, se han abierto en la iglesia. Ya no extraña encontrar adulterio, ebriedad, maltrato, profanidad, descontrol, divorcio, pornografía, falta de decoro en el vestir y pecados parecidos entre cristianos profesantes, muchas veces miembros de iglesias reconocidas. Y luego siguen las formas "respetables" de pecado que suelen tolerarse y pasarse por alto entre creyentes, como gastar en exceso, no pagar deudas, glotonería, murmuración, avaricia, codicia, amargura, orgullo, espíritu crítico, calumnia, valores mundanos, egolatría y enemistades.

> **ES LAMENTABLE QUE LA IGLESIA SE HAYA CONVERTIDO EN UN LUGAR SEGURO PARA PECAR.**

Es lamentable que la iglesia, el lugar destinado a exhibir la gloria y la santidad de Dios, se haya convertido en un lugar seguro para pecar.

UN MENSAJE OMITIDO

¿Por qué la iglesia de hoy enfrenta una epidemia de pecado tan visible y a veces no tan evidente?

Para empezar la lista de razones, tendríamos que aceptar el hecho de que por más de una generación la iglesia evangélica, en términos generales, ha dejado de predicar sobre el pecado y la santidad.

En los últimos años, cada vez que hablo de la santidad, la respuesta general ha sido: "*¡Gracias!... ¿Por qué no se escucha hoy día este mensaje?*"

Apenas hojeamos los pasajes en el Antiguo y Nuevo Testamento que proclaman la santidad de Dios, su aborrecimiento del pecado y su ira y juicio contra los pecadores que no se arrepienten. En cambio, preferimos meditar solo en aquellos que hablan de su misericordia, gracia y amor.

Nuestro "evangelio" afirma que es posible ser cristiano al tiempo que insistimos en evitar toda confrontación con los hábitos o comportamientos pecaminosos. Hemos aceptado la idea de que está bien para los cristianos verse, pensar, actuar y hablar como el mundo.

Hemos llegado a pensar que es ofensivo amonestar a las personas acerca de su pecado, ya sea en privado o en público, en caso de ser necesario. (¡Si tan solo fuéramos tan renuentes a pecar como lo somos para confrontarlo!)

LA IGLESIA SE CASA CON EL MUNDO

Si le parece que es una exageración mía, permítame contarle algunos ejemplos recientes.

Recibí una carta de una mujer que manifestaba una honda preocupación por la falta de compromiso con la santidad de parte de muchos "creyentes". Ella escribió:

El entretenimiento mundano y las conversaciones soeces se difunden en nuestras iglesias. Apenas esta semana en un almuerzo de mujeres, la conversación fue sobre qué tan grave es ver una película de contenido dudoso y llevar a los niños. Escuché unos minutos y no pude quedarme callada. Con toda la gentileza que pude les dije: "Señoras, ¡somos cristianas! ¡No puedo creer que hablemos siquiera de ver esa clase de películas!"

Conozco a un hombre que ha trabajado en la industria del entretenimiento cristiano durante muchos años. Me dolió mucho saber que había optado por un estilo de vida sexual "alternativo". Le pregunté a un amigo en común acerca de la situación: "¿La empresa [cristiana] donde trabaja ya sabe esto?" La respuesta fue difícil de comprender: "Si lo saben, tal vez no haya problema".

Un amigo me contó acerca de un padre cristiano que, después de enterarse de que su hijo adolescente andaba con unos amigos que bebían y se pasaban revistas pornográficas en la escuela, dijo con toda tranquilidad: "¡Así son los chicos! De todas formas, no es lo mismo que si vieran pornografía adulta".

Unos amigos dirigieron un estudio bíblico semanal para adolescentes en la escuela cristiana de su hija. Estos estudiantes serían considerados como "la crema y nata", dado que algunos de sus padres pertenecían al equipo de un reconocido ministerio. Hace poco, mis amigos distribuyeron una serie de textos de varias canciones populares y les preguntaron a los chicos si estaban o no de acuerdo con el mensaje de cada una y el tipo de conducta que defendía.

> ¿HEMOS SIDO ANESTESIADOS POR UNA VERSIÓN MODERADA Y ACOMODATICIA DE "CRISTIANISMO"?

Tres de las canciones tenían letras abiertamente ofensivas. Por ejemplo, una canción de la estrella del rap Eminem cantaba en términos muy gráficos cómo asesinar a su madre, además de un denso contenido profano.

Después de analizar las letras de las canciones, se les preguntó a los chicos si estarían dispuestos a escuchar una canción aunque no estuvieran de acuerdo con el mensaje. A excepción de dos, el consenso de los adolescentes fue que sí seguirían escuchando música con esa clase de mensajes degradantes.

Al enterarse de que escribía este libro, mis amigos me escribieron para contarme su experiencia. Ellos concluyeron:

> Nos sentimos devastados. Esta es una generación perdida. Los adultos y las iglesias hemos fracasado en pasar el testimonio de santidad a la siguiente generación. Para ser francos, no culpamos a los adolescentes. ¿Cómo pueden aspirar a una vida de santidad cuando no han visto un ejemplo de santidad en el hogar o desde el púlpito?

A propósito... un amigo me contó hace poco acerca de una mujer cristiana que estaba feliz porque su hija acababa de ser contratada como vendedora en una fábrica de ropa que promueve abiertamente y sin reparos la inmoralidad y que ha sido boicoteada muchas veces por la explotación sexual de niños en sus catálogos. Mi amigo prosiguió: "Cuando la mayoría de cristianos que uno conoce (y muchos que lideran estudios bíblicos) están siempre pendientes de la última moda o comentan la última película que vieron, ¡puede uno empezar a sentir que es de otro planeta!"

Mientras escribía este capítulo, recibí un correo electrónico de un amigo que acababa de escuchar una emisora cristiana muy reconocida en uno de los mercados más grandes de la nación. En los últimos noventa minutos, mi amigo escuchó una docena de mensajes publicitarios que ofrecían los servicios de "un abogado confiable experto en divorcios". Entiendo que los medios de comunicación seculares vendan con naturalidad servicios publicitarios a un abogado que tramita divorcios. Pero ¿cómo llegamos al punto de promocionar a través de los medios *cristianos* algo que Dios aborrece?

Me pregunto si los creyentes que sintonizaban esa emisora mientras conducían se sintieron mal por lo que escucharon. ¿Se darían cuenta? ¿Han sido y hemos sido anestesiados por una versión moderada y acomodaticia de "cristianismo"?

Debe entender que estos ejemplos no son raros ni excepcionales, aunque solos bastarían para preocuparse. No obstante, la realidad es que esta clase de pensamiento errado se ha vuelto la norma para un número creciente de cristianos profesantes y algo que se defiende a gran escala en el mundo evangélico. Miembros de un sinnúmero de ministerios e iglesias, entre los más respetados del país, han manifestado muchas veces esa clase de opiniones.

Estamos frente al cumplimiento de las palabras proféticas que Vance Havner pronunció hace unas décadas: "El mundo y la iglesia profesante primero coquetean entre sí, luego se enamoran y ya la boda es inminente".

PASIÓN POR LA GLORIA DE DIOS

Nehemías fue un hombre que rehusó caer en la seducción del mundo. Él nunca se acostumbró al pecado, a pesar de que todos a su alrededor habían perdido toda sensibilidad. La ley de Dios fue escrita en su corazón. Y el amor por Dios lo constriñó para dolerse cuando era desatendida.

Nehemías fue uno de los exiliados judíos que vivieron en Persia. En 444 a.C., catorce años después que Esdras condujera al grupo de exiliados de regreso a Jerusalén para reconstruir el templo en ruinas, Nehemías recibió una revelación de que los muros de la ciudad aún se encontraban en mal estado. Nehemías dejó su cómodo trabajo y emprendió un viaje de más de 1400 kilómetros para apoyar a sus hermanos judíos en la restauración de la ciudad. Pese a la feroz oposición de tres enemigos resueltos que fueron Sanbalat, Tobías y Gesem, al fin se reconstruyeron los muros.

Nehemías se convirtió en gobernador de Judá y junto con Esdras, el sacerdote, se dedicaron a reconstruir los fundamentos espirituales y morales que se habían corroído en el corazón del pueblo. Nehemías 8–10 narra la historia del gran avivamiento que sobrevino cuando el pueblo fue confrontado con su necesidad de arrepentimiento y de volverse a la Palabra de Dios que por tanto tiempo había ignorado.

Como parte del avivamiento, el pueblo hizo un pacto con Dios. Como hicieron los rumanos "penitentes", los términos de su pacto fueron específicos y tenían que ver con transgresiones a los mandamientos de Dios: El pueblo convino en no establecer vínculos matrimoniales con las naciones vecinas incrédulas, no trabajar en el día de reposo y atender las necesidades del templo y de los levitas.

Después de servir en Jerusalén durante veinte años, Nehemías regresó a Persia durante un período indeterminado, quizá un par de años. De regreso a Judá, se decepcionó mucho al descubrir que el pueblo había incumplido el compromiso que hizo con el Señor y que desobedecía descaradamente su Palabra. Comerciaban durante el día de reposo, habían dejado de cuidar y mantener el templo y se habían casado con esposas extranjeras que no compartían su fe.

Nehemías se sintió profundamente afligido y confrontó seriamente al pueblo con su descarrío.

La ofensa más atroz tenía que ver con Tobías amonita, el hombre que años antes había hecho todo lo posible por estorbar la obra de Dios en la reconstrucción de los muros de la ciudad. Con el tiempo, el pueblo judío había bajado la guardia, poco a poco. Empezaron a relacionarse con su antiguo enemigo, que a su vez los había conducido a relaciones más cercanas, hasta entablar lazos matrimoniales entre las familias de Tobías y del sumo sacerdote Eliasib. Con el tiempo, cualquier diferencia entre Tobías y el pueblo "apartado" de Dios había desaparecido.

> UN ESPÍRITU DE TOLERANCIA DESPLAZÓ EL AMOR POR LA VERDAD.

Aunque parezca increíble, para cuando Nehemías regresó, este enemigo de Dios declarado vivía *en el templo*. Esta era una violación directa al mandamiento de Dios de que ningún amonita debía ingresar al templo. Y a pesar de eso allí estaba Tobías, viviendo en una habitación asignada por el sacerdote.

Es indudable que este cambio no ocurrió de la noche a la mañana. Lo más probable es que una decisión permisiva haya conducido a otra. Los sacerdotes y el pueblo encontraron formas de justificar sus actos. Un espíritu de tolerancia desplazó el amor por la verdad. *Después de todo, Tobías se había vuelto un hombre muy amable, y su familia encajaba bien allí. No parecía correcto decirle que se fuera solo porque no era judío. ¡No queremos portarnos como legalistas!*

Así que el impío Tobías se fue a vivir al templo y todos siguieron su vida normal, sin inquietarse en lo más mínimo por la situación. Para Nehemías, que pensaba siempre en la santidad, esto era impensable. Estaba furioso. Y actuó con determinación.

Expulsó a Tobías y sacó todas sus pertenencias del templo, luego ordenó que purificaran las habitaciones profanadas. Denunció la terrible situación y llamó a los sacerdotes y al pueblo al arrepentimiento.

¿Por qué estas ofensas eran tan graves para Nehemías? ¿Por qué sentía él la necesidad de intervenir en los asuntos ajenos? ¿Por qué no se contentaba con simplemente obedecer a Dios y dejar tranquilos a los demás? ¿Por qué? Porque a Nehemías lo constreñía una pasión por la manifestación gloriosa de Dios en su pueblo.

Esa pasión se revela en todo el libro que lleva su nombre. Se evidencia en la manera como adoraba y oraba, en sus decisiones y los sacrificios que ofreció, en sus lágrimas al interceder por el pueblo de Dios y en su tenacidad al confrontar a los enemigos de Dios.

Su amor por la santidad se evidencia en su compromiso de llevar una vida íntegra, aun en las "pequeñas cosas" (vea Neh. 5:18). Y también en su valentía para tratar con el pecado de otros.

Nehemías había visto cómo el pueblo de Dios había pagado un precio inimaginable por su pecado. Había estado en el exilio en medio de naciones idólatras, primero en Babilonia y luego en Persia. Nehemías también había visto que gracias al arrepentimiento y la obediencia y al permitírseles regresar a Jerusalén, el pueblo de Dios había experimentado gozo y recibido grandes bendiciones. No soportaba ver que perdieran esas bendiciones por volver a los mismos pecados que los habían llevado a la cautividad.

Su sed de santidad lo ubicó en una pequeña minoría, aun entre sus compañeros de liderazgo espiritual. Parecía tener otros intereses. No intentaba ganar un concurso de popularidad. Lo único que le importaba era que el nombre santo de Dios no fuera profanado y anhelaba que volviera a ser reverenciado.

ES HORA DE QUE LOS "PENITENTES" SE ARREPIENTAN

Los paralelos entre la historia de Nehemías y la iglesia de hoy son impresionantes. Muchos que se dicen creyentes son activistas religiosos pero hemos reescrito la ley de Dios y hemos pervertido la gracia de Dios convirtiéndola en una licencia para pecar.

El espíritu de tolerancia ha triunfado sobre el espíritu de verdad. Ahora Tobías vive en el templo.

Poco a poco hemos bajado la guardia y cultivado relaciones con los enemigos declarados de Dios, los hemos acogido en nuestras iglesias y les hemos dado morada allí. Entre ellos la lujuria, la codicia, la ira, el egoísmo, el orgullo, la sensualidad, el divorcio, el engaño, el entretenimiento profano y las filosofías mundanas.

> DIOS NUNCA SE SENTIRÁ A GUSTO EN UN LUGAR QUE NO ES SANTO.

Además, nos hemos esforzado tanto por hacer sentir cómodos en las iglesias a los perdidos y descarriados, que escasean la convicción de pecado, las vidas transformadas y la manifestación de la presencia de Dios, quien nunca se sentirá a gusto en un lugar que no es santo.

No quiero decir que tratemos de alejar a los inconversos o que esté mal persuadirlos. Más bien *digo* que los pecadores han de sentirse incómodos en la presencia de un Dios santo. Y que nunca se convertirán realmente a menos que experimenten la convicción del Espíritu de Dios.

A la luz de lo anterior, la pregunta es: *¿Dónde están los Nehemías de hoy?*

¿Dónde están los hombres y las mujeres que aman a Dios por encima de todo y cuyo único temor es Él? ¿Dónde están los santos que viven como tales y cuyas vidas son irreprochables en todo, en sus hogares, en su trabajo, en su conversación, en sus actitudes, en sus costumbres, en sus finanzas y en sus relaciones? ¿Dónde están los creyentes que lloran y se duelen al ver una iglesia que no es santa y coquetea peligrosamente con el pecado y no cesan de suplicarle a Dios que traiga el bendito arrepentimiento? ¿Dónde están los líderes cristianos con la compasión y el valor para llamar a la iglesia a purificarse ante Dios? ¿Dónde están las madres, los padres y los jóvenes dispuestos a abandonar completa y decididamente todo lo que no es santo en sus corazones y en sus hogares?

> EL MUNDO ESPERA QUE LA IGLESIA SE RECONCILIE CON DIOS.

La iglesia ha esperado que el mundo se reconcilie con Dios. ¿Cuándo nos daremos cuenta de que el mundo espera que la iglesia se reconcilie con Él? Oh, hijo de Dios, es hora de que los "penitentes" se arrepientan. Apenas podemos imaginar el efecto que tendrá nuestro cambio sobre este mundo.

Daré a conocer la grandeza de mi santo nombre, el cual ha sido profanado entre las naciones, el mismo que ustedes han profanado entre ellas... Los rociaré con agua pura, y

quedarán purificados. Los limpiaré de todas sus impurezas...
Entonces sabrán que yo soy el Señor.

—Ezequiel 36:23, 25, 38

NOTAS

1. C. H. Spurgeon, *Twelve Sermons on Holiness* [Doce sermones sobre la santidad] (Swengel, Pa.: Reiner Publications, s.f.); "Holiness, the Law of God's House" ["Santidad, la ley de la casa de Dios"], 70–71.
2. Carlos H. Spurgeon, *1000 Devotional Thoughts* [1000 meditaciones devocionales] (Grand Rapids: Baker, 1976 reimp.), nos. 408, 205.

¡VIENE LA NOVIA!

¡Alegrémonos y regocijémonos
y démosle gloria!
Ya ha llegado el día de las bodas
del Cordero.
Su novia se ha preparado.

EL APÓSTOL JUAN[1]

Imagine por un momento que estamos sentados en una boda real. Las invitaciones ya se repartieron, se han hecho todos los preparativos, los invitados ya llegaron, la música suena, las flores se ven preciosas, el santuario está adornado para un rey y una reina. El novio y sus acompañantes toman sus lugares al frente.

Se oyen los primeros acordes de la marcha nupcial. Todos nos ponemos de pie. Es difícil ver desde donde estamos hacia los lados. Al fin podemos divisar a la novia acompañada de su padre cuando empieza a recorrer el pasillo en dirección a su novio. Estiramos el cuello para alcanzar a verla mejor. A medida que se acerca, ¡descubrimos que *algo está mal! No puede ser, pero sí, su velo está rasgado y mal puesto.* Al acercarse más, vemos que no es solo el velo. Su cabello está enmarañado y desarreglado. Parece como si acabara de levantarse. Y su cara está sucia, no tiene maquillaje.

Al pasar por nuestro puesto, vemos mejor su vestido. Es increíble. Su vestido está desaliñado y arrugado de arriba a abajo. Parece como si hubiera estado embutido dentro de un cajón durante varias semanas. Y además, el vestido que era blanco estaba cubierto de horribles manchas oscuras.

¿*Qué es esto? ¿Cómo es posible?* Luego vemos lo más lamentable, cuando ella se acerca al novio. Es la profunda mirada de dolor en los ojos de él al descubrir que su novia, a quien ama con todo su corazón, *no se preocupó por alistarse para la boda.*

Amigo, pronto habrá una boda. Es la boda que prefigura todas las demás que se realizan en la tierra. El novio es un Novio santo y debe tener una novia santa. Y nuestro Salvador tendrá una boda santa. Para eso amó Él a la Iglesia y se entregó a sí mismo por ella. Por eso llevó Él todas esas manchas e imperfecciones.

> *...para hacerla santa*
> *...para presentársela a sí mismo como una iglesia radiante, sin mancha ni arruga ni ninguna imperfección, sino santa e intachable.*
> —Efesios 5:26–27

Mi objetivo en la vida no es librarme de problemas o sufrimiento, no es convertirme en una autora de éxitos de librería o tener un exitoso ministerio radial, o ser invitada a hablar en conferencias multitudinarias. Tampoco es tener importantes relaciones, gozar de salud o estabilidad económica. Mi anhelo más profundo es ser una mujer santa, y que la iglesia de Jesucristo sea santa. Cuánto anhelo el día en que usted y yo, junto con todos los santos de todos los tiempos, recorramos juntos el pasillo para llegar hasta nuestro amado Novio. Quiero verlo cara a cara con gozo, radiante, sin vergüenza alguna "vestida de su justicia, intachable ante el trono".[2]

¿ESTÁ LISTO PARA LA BODA?

¿Está listo para la boda? Si no, ¿qué debe hacer para estarlo? ¿Hay algún pecado que deba confesar y abandonar? ¿Un hábito al que deba renunciar, o uno que deba cultivar? ¿Una relación que deba cortar, o una que deba reconciliar? ¿Posee objetos que deba deshacerse de ellos? ¿Tiene deudas que deba pagar? ¿Hay personas cuyo perdón debe buscar? ¿Tiene que hacer alguna restitución?

Lo que tenga que hacer, por Jesús, por el bien del mundo, por el del cuerpo de Cristo que es la iglesia, por su familia, por usted mismo, *hágalo*. Por su gracia y el poder de su Espíritu Santo, *hágalo*. Nada, nada, nada podría ser más importante. Nada podría darle a Él mayor gloria en este mundo y nada podría darle a usted mayor gozo, ahora y por la eternidad.

Como tenemos estas promesas, queridos hermanos, purifiquémonos de todo lo que contamina el cuerpo y el espíritu, para completar en el temor de Dios la obra de nuestra santificación.

—2 Corintios 7:1

NOTAS

1. Apocalipsis 19:7.
2. Edward Mote, "The Solid Rock" [La Roca sólida]. Circa 1834; publicado antes en *Mote's Hymns of Praise* [Himnos de alabanza de Mote], 1836.

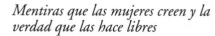

Mentiras que las mujeres creen y la verdad que las hace libres

Las mujeres tienen un arma poderosa para vencer las decepciones que Satanás impone en sus vidas: La verdad absoluta de la Palabra de Dios.Todas las mujeres sufren frustraciones, fracasos, ira, envidia y amargura. Nancy Leigh DeMoss arroja luz en el oscuro tema de la liberación de la mujeres de las mentiras de Satanás para que puedan andar en una vida llena de la gracia de Dios.

ISBN: 0-8254-1160-2 / 344 páginas / rústica

Rendición: El corazón en paz con Dios

Para un cristiano, ondear la bandera blanca no significa: "Me rindo". Significa: "¡Al fin la victoria!"El primer paso hacia una vida espiritual más profunda, más rica y victoriosa es la rendición. Cuando un cristiano rinde su corazón, su alma, su cuerpo y sus ambiciones, deja la puerta abierta para que Dios pueda ayudarle plenamente a triunfar.

ISBN: 0-8254-1186-6 / 144 páginas / rústica

Quebrantamiento: El corazón avivado por Dios

La autora ha descubierto un principio bíblico que no se puede refutar: Antes de cada gran movimiento de Dios siempre hay una temporada de profundo arrepentimiento.
Esta es la historia conmovedora y verdadera de cómo Dios creó este quebrantamiento en otros y el asombroso renacimiento que sucedió.

ISBN: 0-8254-1185-8 / 128 páginas / rústica